BURN OUT PARENTAL

Aline Nativel Id Hammou

BURN OUT PARENTAL

Comment sortir de l'épuisement ?

MARDAGA

B-1160 Bruxelles (Belgique)
www.editionsmardaga.com

Coordination éditoriale : Delphine Livet
Illustration de couverture : © NotionPic – Shutterstock
Design de couverture : Emmanuel Bonaffini
Maquette intérieure : Carine Thurion – CW Design
Illustration dans l'ouvrage : © Adobe Stock, p. 116.

Dépôt légal : 2023/0024/2
ISBN papier : 9782804724412
ISBN numérique : 9782804724429

Achevé d'imprimer en France en décembre 2022
sur les presses de l'imprimerie Dupliprint à Domont (95).
N° d'impression : 2022121665.

Sommaire

Introduction

Psychologue clinicienne depuis plus de dix ans, je me suis aperçue progressivement de la demande grandissante de « guidance parentale » comme motif de consultation, au fur et à mesure de ma pratique professionnelle en cabinet de psychothérapie. C'est un constat professionnel qui s'installe progressivement depuis un peu plus de trois ans. De plus en plus de parents s'interrogent sur leur parentalité et sur leurs actions éducatives, sur l'impact de leur attitude sur leur enfant et leur couple, et osent enfin exprimer une souffrance ressentie due à leur rôle de maman ou papa. Ces parents prennent place dans mes fauteuils de consultation, « craquent » littéralement, pleurent, invoquent tel livre, conférence, émission de télévision ou théorie sur la psychologie de l'enfant ou tel expert rencontré, s'insurgent contre les critiques faites à leur encontre, hurlent et expriment une forme d'impuissance grandissante et incontrôlable ! Bref, un ressenti immense de souffrance plus ou moins gérable, plus ou moins nié, maîtrisé, partagé voire avouable aux yeux du monde.

La guidance parentale, qu'est-ce que c'est concrètement ? C'est un accompagnement spécifique destiné aux parents rencontrant des difficultés dans leurs démarches éducatives, affectives et pédagogiques auprès de leur enfant ; en clair, dans leur quotidien de parents ! Plus précisément, la guidance parentale n'appartient pas à une forme de thérapie basique mais est plutôt une forme de soutien et d'accompagnement qui donne des préconisations et des informations sur la psychologie et les stades de développement de l'enfant, sur toute psychologie en lien avec la famille et la parentalité. L'objectif est de tenter de guider et à la fois d'éclairer les parents afin de favoriser une relation bienveillante avec leur enfant et de leur faire prendre pleinement conscience des enjeux de leur parentalité dans leur vie d'adulte ! Comprendre, analyser et répondre à des doutes, des questions, des peurs et des angoisses... les plus souvent légitimes d'ailleurs ! En somme, c'est la vie anodine d'un parent exposé au quotidien d'un enfant qui grandit ! Et c'est la prise de conscience qu'être un parent n'est pas si évident !

C'est pourquoi, je me suis rapidement intéressée à diverses thématiques en lien avec la parentalité comme les troubles de la parentalité, la psychopédagogie, la psychogénéalogie, les dynamiques familiales et évidemment je me suis intéressée à la question du burn out parental (j'utiliserai le sigle « BOP » dans l'ouvrage). J'estime que mon rôle de psychologue est d'inclure la dimension de prévention et la nécessité d'informer sur cette thématique du burn out parental car la souffrance parentale peut avoir de puissants impacts sur la dynamique familiale incluant l'enfant et le couple conjugal. Le but de cet ouvrage est donc de vous éclairer sur ce phénomène plus ou moins tabou du burn out parental qui peut toucher n'importe quel parent ! Oui, j'insiste et je persiste : n'importe quelle mère et quel père ! Gardez-le en tête tout au long de votre lecture, cher(s) parent(s).

Cet ouvrage va vous présenter la définition internationalement reconnue du burn out parental avec l'ensemble de ses facteurs et de ses causes, ses symptômes généraux les plus répandus et ses impacts directs sur le parent, l'enfant et la famille. Il donnera aussi un éclaircissement sur les modes de parentalité actuels et leurs éventuels impacts sur ce phénomène de burn out parental, souvent corrélé à la pression sociétale exercée et ressentie par les parents d'aujourd'hui. Pourtant, ce phénomène a-t-il toujours existé – même de façon cachée, non avouée – ? A-t-il toujours été connu de tous les parents du monde entier ?

Afin de faire le point sur votre parentalité et le burn out parental, il vous sera proposé de répondre à une auto-évaluation bienveillante qui vous permettra de cerner votre vécu quotidien de parent. L'objectif n'est pas de poser un diagnostic sur votre situation, mais simplement de vous proposer un curseur réaliste et posé par vous seul. Peu importent les résultats obtenus, vous aurez à votre disposition un panel de conseils pour prendre soin de vous, pour maintenir, ou améliorer voire dynamiser le bien-être global dans votre lien avec votre enfant et de rétablir l'épanouissement de votre famille. Chaque parent doit pouvoir garder confiance en ses habilités et ses compétences éducatives, pédagogiques, affectives, émotionnelles tout en gardant à l'esprit que l'erreur parentale est inévitable mais avouable, réparable, modifiable et surtout totalement humaine !

Soyez sereins, cette lecture doit être non culpabilisante et faite pour n'importe quel type de parent... Si vous l'avez entre les mains, c'est que vous avez déjà conscience de l'importance de prendre soin de vous en tant que parent consciencieux ! Alors parent « burnouté » ou pas ? Il n'est pas sûr et certain que vous allez trouver immédiatement cette réponse, toutefois, votre lecture aura forcément un impact positif sur votre parentalité car vous êtes dans une recherche d'informations et d'éclaircissements.

Avant de commencer votre lecture, je vous invite à remplir cet encadré et à mettre par écrit (dessin, mot, phrase, symbole, expression, citation), tout ce qui vous vient **sans censure** en lien avec le mot **parent**, histoire de décharger vos émotions sur notre thématique centrale. Ainsi votre esprit sera davantage concentré et attentif à l'ensemble des données transmises dans cet ouvrage sur le BOP.

« Moi parent », je me vois ainsi :

....

....

....

....

....

Chapitre 1

Le burn out parental

Un mythe créé par des parents dépassés ou une réalité quotidienne ?

1. Définir le burn out parental (BOP)

Pierre, 36 ans, vient me voir en consultation une fois tous les quinze jours pour : « *décharger des sentiments négatifs envers sa femme* ».

Comme il le déclare depuis la naissance de ses ***jumeaux de 11 mois*** :

« Je ne la supporte plus, je ne sais pas vraiment pourquoi… euh oui, en fait, mais c'est dur de l'assumer, j'ai la sensation d'être trahi en ayant deux enfants en même temps, c'est tellement dur que je n'ose pas assumer mes émotions quelques fois négatives envers mes deux petits bouts, cela paraît plus simple de les poser sur ma femme ! Et les autres autour de nous, disent souvent : "Quelle chance d'avoir des jumeaux"… mouais !… ».

Pierre est un papa proche d'être « burnouté » mais qui se fait aider !

Je répondrais spontanément que le burn out parental est un tabou rejoignant un ensemble de non-dits sur la parentalité, pour ne pas abîmer justement son image positive. Plusieurs parents évoquent une honte, un malaise et ces sentiments sont de plus en plus reconnus dans nos sociétés actuelles. Voici la définition du mot « tabou », selon le dictionnaire Larousse :

1. Dans certaines sociétés, caractère d'un objet, d'une personne ou d'un comportement, qui les désigne comme interdits ou dangereux aux membres de la communauté.

2. Interdiction d'employer un mot due à des contraintes sociales, religieuses ou culturelles.

Il ne faut alors pas abîmer cette belle image de la parentalité et de la joie d'avoir une famille à soi ! Dire ou montrer ses difficultés parentales aurait-il pu restreindre le nombre de naissances et donc être un danger pour l'humanité tout entière ? (J'ironise... bien sûr...).

Il est vrai que certains experts de la famille (pédopsychiatre, psychiatre, psychologue, travailleur social, médiateur, puéricultrice, infirmier, pédiatre et bien d'autres) connaissent bien ce phénomène sans le nommer forcément ainsi. Il a été peu vulgarisé dans l'ensemble de la sphère des médias même si on en parle de plus en plus grâce à une libération de la parole de certains parents *via* les réseaux sociaux surtout ! Comme quoi, les réseaux sociaux tels que Facebook, Instagram ou encore de nombreux blogs de parents peuvent être aussi utiles pour mettre en lumière et en avant un vécu individuel qui finalement reflète l'expérience intime d'un grand nombre de parents ! Souvent les parents sont plus réceptifs aux discours si cela vient d'un autre parent dans ce type d'expérience du quotidien.

Pour la plupart des personnes, devenir parent ou être parent n'est pas une chose insupportable et insurmontable à vivre dans le quotidien. C'est plutôt un grand bonheur d'intensité variable certes, avec quelques difficultés, mais c'est une chance aussi ! Oser affirmer ne pas être heureux en tant que parents ou regretter l'être reste compliqué à dire et à assumer en public ! Dire à haute voix : « Je ne supporte plus mes enfants », il y aura toujours quelqu'un pour répondre : « T'exagères ! ». C'est d'ailleurs inévitable car même si la plupart des parents peuvent partager des vécus similaires, une parfaite synchronisation des vécus reste tout simplement impossible.

Ma réalité professionnelle me démontre que certains parents peuvent à certaines périodes de leur vie de parents ressentir des regrets forts. J'entends souvent ce genre de propos : « Mais si on m'avait tout dit, je ne suis pas convaincue que j'aurais eu mon fils ! » ; « Quelle galère cette vie, j'en ai fait trop vraiment, j'aurais dû m'arrêter à un seul ! » ; « Je ne sais pas si j'ai vraiment eu envie d'être mère, c'est plutôt mon partenaire ! » ; « Le mien est tellement compliqué, que je me demande en permanence comment ma vie aurait été sans lui » ; ou encore « J'ai tellement envie de retrouver ma vie d'avant que cela hante mes rêves ».

Je ne juge jamais l'ensemble de ces parents qui réussissent à parler et qui peuvent justement explorer leurs ressentis. L'histoire de Marine, maman de Victoria (8 ans) et Hector (2 ans) m'a particulièrement marquée. Cette mère a dû se faire hospitaliser car, comme elle le décrit si bien : « J'ai longtemps trop longtemps fait semblant que ma vie de maman était un vrai bonheur devant les autres alors qu'elle était un énorme mensonge envers moi-même ». Toutefois, les professionnels de la santé mentale n'ont pas diagnostiqué un burn out parental mais une dépression chronique sans aucun lien avec son vécu parental. Étrange distanciation... ou non prise en compte réelle de son vécu de maman.

2. Un phénomène touchant de plus en plus de parents

Je ne vais pas vous faire un historique complet de la vie d'un parent selon les époques, restons dans notre présent puisque ce syndrome est peu à peu mis en lumière dans les médias. Pourquoi ce phénomène touche-t-il de plus en plus de parents ? Plusieurs hypothèses :

- la vulgarisation des connaissances ayant trait à la pédagogie, le développement des institutions en lien avec la famille et la parentalité, l'éducation, la psychologie, la cognition des enfants pouvant donner aussi une nouvelle vague de parents plus experts, plus informés, plus consciencieux;

- l'approche du couple parental avec la place du père et de la coéducation dans l'approche de son enfant;
- l'évolution des femmes dans le domaine professionnel et dans l'espace de la société générale;
- et aussi tout simplement, un diagnostic adapté davantage effectué!

Le burn out parental existe bel et bien et est aussi en lien avec la création d'un autre mythe: celui du parent parfait du XXIe siècle!

Mais c'est quoi être un parent parfait?

C'est une très bonne question car sa définition varie d'un parent à un autre, mais aussi d'un expert à un autre! Selon son histoire de vie, son partenaire éducatif, ses désirs parentaux et aussi l'enfant que l'on a en face de soi, la parentalité parfaite peut avoir plusieurs facettes.

Qu'est-ce que c'est qu'un mythe pour débuter? Selon le dictionnaire Larousse:

> 1. Récit mettant en scène des êtres surnaturels, des actions imaginaires, des fantasmes collectifs, etc. [...]
>
> 3. Personnage imaginaire dont plusieurs traits correspondent à un idéal humain, un modèle exemplaire (par exemple Don Juan).
>
> 4. Ensemble de croyances, de représentations idéalisées autour d'un personnage, d'un phénomène, d'un événement historique, d'une technique et qui leur donnent une force, une importance particulières.

En conclusion, le parent parfait est une réalité qui n'existe pas vraiment mais qui donne des sortes d'objectifs à atteindre, en ce qui concerne la notion de parentalité. Il s'agit donc d'un idéal jamais vraiment atteignable finalement, mais qui fera cependant souffrir bon nombre de parents. C'est un peu comme rechercher une licorne...

Pour vous transmette une définition la plus proche de l'idéal parental, les propos des parents en cabinet semblent bien appropriés : « Être disponible matin, midi et soir » ; « Être bienveillant sans une seule faille » ; « Ne pas crier, ni avoir de gestes de nervosité, ne pas frapper évidemment, ne pas laisser l'enfant pleurer, le porter dès qu'il en a besoin » ; « Faire des cadeaux mais pas trop » ; « Stimuler sans trop en faire » ; « L'aider à grandir sans faire à sa place » ; « Lui parler tout le temps, ne pas lui mentir » ; « L'encourager à expérimenter sans montrer ses peurs » ; « Répondre de manière efficace à tous leurs besoins » ; « Mettre des limites sans interdire ni punir pour les sécuriser » ; « Le soutenir dans ses émotions et gérer ses crises en gardant son self-control » ; « Ne jamais punir ». Dans la bouche des parents, il semble y avoir beaucoup d'obligations et d'injonctions provoquant un mal-être parental au quotidien. Il y a du stress évidemment, face à la peur de mal faire.

Cette recherche d'idéal n'est pas une fatalité, mais le besoin d'une reconnaissance plus forte qui pourrait nous libérer de ce joug lié à la parentalité. Je conseille souvent aux parents de prendre connaissance du programme datant de 2022, créé par le gouvernement : « Les 1 000 premiers jours d'un enfant[1] ». J'ai même posté l'affiche dans mon cabinet ! Car être psy, c'est aussi être un passeur d'informations et un acteur de la prévention. C'est pourquoi, il me paraît, à ce moment de votre lecture, important de bien définir ensemble ce syndrome si particulier lié au statut de parent. Oui, cher(s) parent(s), un syndrome d'une nature bien précise et à la fois complexe se référant uniquement à votre statut parental.

Idées à retenir

1. Le BOP reste un tabou « plus ou moins » en déconstruction car beaucoup de parents osent enfin s'exprimer sur leurs parentalités : vous pouvez donc le faire aussi !

2. Beaucoup d'experts de la parentalité reconnaissent le BOP et le rencontrent dans leurs pratiques du quotidien.

3. Vous n'êtes pas le seul parent à rencontrer des difficultés dans votre quotidien parental.

4. Vous avez votre propre définition du « bon parent » et vous faites en fonction : il n'y a rien de plus normal !

5. Le parent parfait n'existe pas du tout, gardez-le en tête !

Chapitre 2

Approche théorique du burn out parental

Écrivez ou dessinez tout ce qui vous vient sur l'expression « Burn out parental » (ou dit aussi « BOP »).

Le burn out parental, pour vous, c'est :

....

....

....

....

....

....

....

....

....

....

....

....

....

....

Virginie, 35 ans, maman de Victoire (5 ans) et Louise (2 ans) arrive dans mon cabinet avec une sorte de désarroi visible sur son visage, et, tout en s'affalant sur mon canapé, me dit d'emblée :

« J'ai besoin d'aide, je n'en peux plus de mes deux monstres, des vampires, me prenant toute ma pauvre énergie ! ».

Elle tente de m'expliquer sa fatigue générale par sa dette de sommeil :

« Je ne dors presque plus depuis trois ans, c'est un enfer, je suis à côté de mes pompes même au travail ! »

et ajoute :

« Vous voyez après notre entretien, je dois aller chercher la première à l'école et la seconde à la crèche alors que je n'ai qu'une envie, c'est de dormir dans votre canapé ».

J'ai laissé dormir cette maman pendant 45 minutes. Elle est partie en me remerciant mille fois et en soulignant :

« Vous avez compris mon besoin immédiat, à bientôt ! ».

J'accompagne cette maman depuis bientôt un an maintenant. Elle commence tout doucement à se sentir mieux.

1. Les précurseurs du burn out parental (BOP)

Actuellement, les deux professionnelles de référence sur le BOP sont M. Mikolajczak et I. Roskam. Elles semblent être les précurseurs sur le BOP car en 2015, elles ont combiné leurs expertises et lancé un vaste programme de recherche visant à éclairer la nature, les causes, les conséquences et le traitement du burn out parental en Belgique. Elles ont fondé l'IIPB, un comité de recherche international sur le burn out parental qui rassemble aujourd'hui 45 pays du monde entier. Avec la collaboration de leur équipe, du comité et de nombreux chercheurs à travers le monde, elles ont développé ce champ de recherche et publié les résultats de leurs travaux dans de nombreux articles scientifiques et dans des livres, l'un à destination des parents que je vous recommande, *Le Burn out parental. L'éviter et s'en sortir*[2] et les autres à destination des professionnels. Elles codirigent également le Training Institute for Parental Burnout et le Parental Burnout Research Lab, centres de référence en matière de burn out parental[3].

Le saviez-vous ?
Le BOP et ses origines

Le terme de burn out parental a été mis en avant pour la première fois dans le monde littéraire et non dans le cercle scientifique ni celui de la psychologie. C'est grâce au témoignage d'une maman s'appelant **Edith Lanstrom** qui publia un ouvrage religieux intitulé *Le Burn out du parent chrétien* en 1983. Comment ? Déjà à cette époque on s'intéressait à cette question, et qui plus est, dans une publication en lien avec la religion chrétienne ? Oui cher(s) parent(s) ! Donc la première occurrence de l'expression vient d'une mère ! On peut même supposer que c'est elle qui a inventé cette expression. Merci Edith !

Dans le domaine de l'expertise professionnelle autour de la psychologie, l'éducation et de la communication, ce sont un professeur d'université et un consultant indépendant, **M. Procaccini** et **M. Kiefaver** qui, en 1984, publient un ouvrage sur le burn out parental en faisant le lien avec le burn out professionnel. Puis, **M. Pelsma**, chercheur en psychologie clinique a réalisé en 1989, avec son équipe, la première étude scientifique. Cette thématique de l'épuisement parental n'a apparemment pas gagné l'intérêt scientifique. Un manque d'intérêt pour la souffrance des parents dans leur quotidien à cette époque ? Certainement...

Puis, plus rien, jusqu'en 2007... étrange, non ? Votre avis ?

En 2007, **Annika Lindhal-Norberg**, docteur en psychologie clinique, a étudié, avec son équipe de chercheurs, la prévalence et les facteurs de risque de burn out parental lorsqu'un enfant est atteint de pathologies graves comme le cancer et le diabète de type 1. Cette équipe apporte les premières preuves scientifiques de l'existence d'un burn out en lien avec la parentalité. Toutefois, une limite est posée car le seul facteur étudié est lié à l'existence d'une pathologie chronique avec risque de comorbidités chez l'enfant, excluant de ce fait, la généralisation possible du concept à l'ensemble des parents.

Il faut attendre 2017, dix ans plus tard, que trois chercheurs en psychologie clinique, les docteurs **I. Roskam, M.-É. Raes** et **M. Mikolajczak** se centrent sur les parents en général pour mener une nouvelle étude. Il en ressortira que le burn out parental est un syndrome tridimensionnel caractérisé par un épuisement émotionnel et physique concernant : 1. le rôle du parent au quotidien ; 2. la distanciation affective avec l'enfant ; 3. la perte d'épanouissement et d'efficacité au niveau de l'action parentale. Cette recherche met aussi en lumière que le BOP peut toucher n'importe quel parent même si quelques facteurs apparaissent précipitants. Par ailleurs, le BOP n'est pas forcément en lien avec le genre car si un père est investi pleinement dans son rôle parental, il peut avoir autant de risque qu'une mère d'en vivre un.

Focus sur deux chercheuses,
M. Mikolajczak et I. Roskam

Moïra Mikolajczak

Après avoir obtenu un doctorat en psychologie à l'université catholique de Louvain (Belgique) et s'être perfectionnée dans l'étude des émotions à l'université de Londres (Royaume-Uni) puis à l'université de Stanford (Californie, USA), Moïra Mikolajczak est aujourd'hui professeure de psychologie à l'université catholique de Louvain. Elle enseigne également à l'université Paris-Descartes (Paris V). Spécialiste des émotions et des compétences émotionnelles, elle est l'autrice de nombreux articles scientifiques et de livres sur le sujet.

Isabelle Roskam

Mère de cinq enfants, docteure en sciences psychologiques, Isabelle Roskam est également professeure en psychologie du développement à l'université de Louvain (Belgique). Avant de se consacrer à l'étude du burn out parental, elle a dirigé le programme de recherche « H2M Children » portant sur le développement et la prise en charge des enfants dits « difficiles ». Elle a parallèlement exercé dix ans en tant que clinicienne aux cliniques universitaires Saint-Luc à Bruxelles, dans l'unité de neuropédiatrie.

Le burn out parental touche, comme sa dénomination l'indique, tous les parents : que ce soit la mère ou le père, les partenaires éducatifs, les figures d'attachement, les référents principaux de l'enfant. Mais je préfère les appeler : « le couple parental présenté à l'enfant » ! Cette appellation concerne très souvent les deux adultes de référence qui lui apportent les premiers soins, les réponses à ses besoins primaires, les gestes d'affectivité, la disponibilité.

La théorie de l'attachement : quelques explications essentielles

C'est une des principales théories de la psychologie clinique de l'enfant de John Bowlby, psychiatre et psychanalyste anglais, datant de la période des années 1950, laquelle explique les besoins émotionnels des bébés et plus largement de l'être humain sur le plan affectif et social.

L'attachement permet d'acquérir la sécurité affective et physique, la confiance en soi et en autrui et l'apaisement émotionnel. L'enfant recherche le contact, le regard, la proximité, le réconfort, la compréhension dans certaines situations de détresse vécues dans son corps et/ou à cause de son environnement proche ou simplement par besoin de proximité et de vécu de dépendance avec un tiers qui devient cette personne d'attachement devenue une personne de référence pour lui au fur et à mesure de ses stades de développement (car elle répond à l'ensemble des besoins de l'enfant).

Mais justement, qui sont les figures principales d'attachement de l'enfant ? La plupart du temps, ce sont les parents, les premiers pourvoyeurs de soins généraux auprès de l'enfant. Ils deviennent ses figures d'attachement principales. Puis, par la suite, toute personne (considérée comme un substitut parental) pouvant s'occuper de l'enfant dans la durée (le plus souvent) et la chronicité (le plus durablement), lors de ses étapes de développement (d'autres membres de la famille ou entourage très proche, personnel de crèche, assistante maternelle, enseignants, etc.).

L'enfant va d'une certaine façon sélectionner les figures d'attachement en fonction de leurs attitudes à son égard au quotidien et selon leur position de ***caregiver*** (réponses aux besoins d'attachement et d'exploration) :

- répétition des situations de contacts adaptés auprès de lui en réponse à ses besoins de base avec les notions d'empathie, de cohérence, de rapidité et de prévisibilité ; par exemple : je gigote beaucoup, l'adulte arrive et me porte ; j'ai faim, l'adulte me donne à manger ; j'ai froid, l'adulte me couvre plus ; je pleure, l'adulte tente de décoder mes pleurs pour répondre à mon besoin ; je suis triste et l'adulte nomme ma tristesse tout en tentant de me redonner le sourire ;
- la notion de référence des adultes autour de lui (stabilité et continuité) ; par exemple : chaque matin, le rituel de la chanson de maman m'accompagne au réveil ; je revois mes parents chaque soir après la crèche ; je vais dans la même section au sein de la crèche ; chaque week-end, je vais chez mes grands-parents ; tous les lundis soir, c'est papa qui me récupère chez l'assistante maternelle ; je mange à la même heure dans les bras de maman ou de papa ;

- en supportant des séparations limitées dans le temps et l'espace selon son âge de développement ; par exemple : sans pleurer, je peux rester seul dix minutes sur mon tapis d'éveil, ou une après-midi avec ma mamie sans crise émotionnelle ; on peut réguler le temps de portage au fur et à mesure que je grandis ; mes parents respectent le rythme de mon développement en allégeant leurs agendas pros quelque temps pour que je reste moins longtemps à la crèche ou à la garderie du soir à l'école.

Les quelques récentes enquêtes sociologiques et psychologiques en lien avec la parentalité et la question de la charge mentale et du burn out semblent montrer que la mère serait plus touchée que le père. Pourtant l'investissement grandissant des « nouveaux papas » pourrait dans quelques années mettre en avant une sorte d'équilibre face à ce vécu de parent « burnouté » ! Il est vrai que ce qu'indiquent les enquêtes, je le retrouve dans mon cabinet : je reçois davantage de mères. Toutefois, les pères sont plus nombreux à me consulter depuis trois ans ! Pour preuve, on trouve de plus en plus d'actions sur la parentalité en faveur des pères, comme la mise en place d'ateliers ou de groupes de parole, ainsi que la publication de plusieurs ouvrages sur la question.

Je conseille souvent aux pères certaines lectures et des ateliers comme :

- « Atelier du futur papa », créé par Gilles Vaquier de Labaume[4] ;
- *Papa dans quelques mois*, de Nicolas Evrard et Clémentine Fitaire[5] ;
- *Moi, papa*, d'Adrien Devyver[6].

Ils sont souvent très demandeurs de conseils et de lectures de ce type.

Une de mes références principales concernant la mise en lumière du BOP est Moïra Mikolajczak, qui indique que :

5 à 8 % des familles seraient touchées par le burn out parental[7].

En France, j'ai pourtant trouvé peu de données comme le confirme Etty Buzyn, psychologue clinicienne, psychanalyste et autrice de *Quand les mères craquent*[8]. Elle affirme que « le sujet est encore largement tabou en France », et « qu'on ne dispose d'ailleurs pas de chiffre à ce propos ».

Mais selon Cécile Soulé, réalisatrice d'un reportage sur le BOP[9], celle-ci confirme le chiffre de 5 à 8 % avancé par Moïra Mikolajczak et ajoute que le confinement a accentué le malaise.

Selon un sondage IFOP dévoilé mardi 5 avril 2022 en France, 34 % des mères de 24 à 45 ans se disent concernées par le burn out maternel et épuisées par la parentalité sur les plans physique et émotionnel. En charge de jeunes enfants de moins de 7 ans, 14 % des femmes interrogées disent vivre actuellement une situation approchante.

En Belgique, plusieurs enquêtes ont été réalisées sur le BOP :

En Belgique francophone, un parent sur vingt est touché par le burn out parental[10].

En 2016, la « Ligue des familles » belge a interrogé 1 600 parents de Wallonie et Bruxelles ayant au moins un enfant de moins de 26 ans.

À la question « En tant que parent, vous arrive-t-il parfois d'éprouver un sentiment de burn out ? », 12 % répondent « jamais », 19 % « souvent » et 3 % « en permanence »[11].

La ligue en conclut qu'un parent sur cinq risque le burn out parental.

La seule étude scientifique menée sur la question[12] obtient des chiffres moins alarmistes. Dans leur étude conduite sur

1 723 parents, les auteurs de l'étude montrent que selon la méthode de calcul de prévalence utilisée, entre 2 et 12 % des parents sont en burn out parental. La méthode retenue suggère que 5 % des parents seraient en burn out parental et 8 % seraient à risque élevé. La prévalence est identique chez les mères et les pères qui s'investissent dans l'éducation de leurs enfants. Les mêmes résultats ont été répliqués sur des échantillons francophones et anglophones avec le PBA en 2018[13].

Le burn out parental est uniquement associé à des éléments de vie vécus dans sa parentalité, d'où sa dénomination précise de « parental », et serait donc seulement en lien avec le statut de parent. Les symptômes sont liés spécifiquement à la vie parentale. Un parent peut rester un adulte avec de l'énergie positive dans les autres domaines de sa vie, qui sont d'ailleurs quelquefois surinvestis justement à cause de cette perte d'élan et d'épanouissement dans la vie de parent.

Il est certain qu'avec le temps, on peut ressentir des répercussions dans le domaine de la vie privée. Ainsi dans son couple conjugal, au sein de sa famille élargie, ou dans la sphère sociale ou professionnelle, des incidences indirectes pourront être éprouvées. Mais tous ces environnements ne sont pas des facteurs ni des déclencheurs du burn out parental.

Le BOP n'est par ailleurs pas encore reconnu pleinement dans le monde médical, paramédical, psychiatrique et n'est pas considéré comme un trouble de la parentalité pouvant être répertorié comme une pathologie spécifique dans le DSM5 ou la CIM10.

2. Les trois facettes du syndrome

Ce syndrome à trois facettes se compose :

1. d'un **épuisement physique et émotionnel** ;
2. d'une **distanciation affective** avec l'enfant ;
3. d'une **perte d'efficacité et d'épanouissement** parental.

Ces trois facettes sont en lien direct avec un ressenti de stress intense, chronique et délétère touchant sa vie familiale et son lien relationnel global avec son enfant. Elles peuvent être plus ou moins marquées et intenses dans le vécu du parent et ont des répercussions sur sa vie de parent, son couple parental et son enfant.

Revenons ensemble sur ces trois facettes de façon plus détaillée, en évoquant plus spécifiquement les symptômes provoqués.

2.1. L'épuisement généralisé

L'épuisement généralisé s'attaque au corps et à l'esprit du parent et revient par vagues. Il devient progressivement chronique suite à une accumulation de « trop ».

L'épuisement physique se traduit par un cumul de fatigue physiologique liée à des troubles du sommeil, des douleurs chroniques causés par ses activités parentales. Les exemples en lien avec les troubles du sommeil sont très fréquents en consultation et correspondent à des dettes de sommeil importantes ou le sentiment de subir un sommeil non récupérateur. Ces carences vont donner lieu à une perte d'énergie vitale progressive.

Focus sur la dette de sommeil ou hyposomnie chez le parent

L'hyposomnie désigne un manque de sommeil répétitif.

La dette de sommeil est dite « chronique » lorsqu'une réduction du temps de sommeil (1 à 2 heures par nuit) est cumulée sur plusieurs jours, voire plusieurs semaines avec une évaluation possible dès quinze jours de ressenti.

À terme, celle-ci engendre les mêmes effets qu'une nuit sans sommeil.

Cette dette peut être liée à l'équilibre « veille-sommeil » parfois inadapté à nos besoins de sommeil individuels.

Les signes à repérer sont :

- fatigue au lever ;
- baisse de vigilance ;
- somnolence en journée : difficultés à se concentrer, yeux qui picotent, bâillements répétés ;
- raideur dans la nuque ou dans le dos.

Une étude a démontré que les parents, pendant une période de quatre à six ans, peuvent cumuler des heures de dettes de sommeil[14].

Combien de parents ai-je reçus avec des plaintes autour de leur fatigue physique ? Quasi tous sans exception, même ceux qui ont de grands enfants ! Je pense à Marie, 25 ans, jeune maman d'une petite Théodora de 3 ans qui avait calculé le nombre d'heure de sommeil perdu, chiffré à plus de 500 heures, *via* un agenda du sommeil pour adulte. Ou encore à Farid, papa de cinq enfants me soulignant qu'il avait la sensation de ne plus vraiment bien dormir depuis cinq ans même s'il adore faire la sieste avec ses enfants ! Et aussi, Christine qui me disait dans un grand rire avoir pris un abonnement pour une fée de nuit qui s'occupe de son bébé de 6 mois deux fois par semaine car elle ne supportait plus sa tête dans un miroir à cause de ses cernes ! Hélas, tous les parents n'ont pas forcément conscience que le sommeil d'un enfant ne se stabilise que vers l'âge de 5 ou 6 ans, dans le meilleur des cas.

Pour faire le point, l'agenda du sommeil établi par le Réseau Morphée[15], est un outil très utile que vous pouvez télécharger grâce au QR code ci-dessous.

Figure 1. Agenda de vigilance et du sommeil.
© Réseau Morphée

Les besoins en sommeil tout au long de la vie selon les âges

Complétez le tableau ci-dessus avec vos données propres.

Pour information, les besoins en heures de sommeil par 24 heures selon l'âge de développement sont :

- Nouveau-né : de 16 à 19 heures ;
- Moins de 1 an : de 12 à 15 heures ;
- Jusqu'à deux ans : de 11 à 14 heures ;
- Jusqu'à cinq ans : de 10 à 13 heures ;
- Jusqu'à 13 ans : de 9 à 11 heures ;
- Jusqu'à 17 ans : de 8 à 10 heures ;
- Jeune adulte : de 7 à 9 heures ;
- Adulte : de 6 à 8 heures ;
- Personne âgée (à partir de 65 ans) : de 6 à 7 heures.

Et pourquoi pas une « nounou de nuit » ?

C'est quoi une « nounou de nuit » ? Pourquoi ne pas tenter l'expérience cher(s) parent(s) ?

Une « nounou de nuit » est un professionnel de la petite enfance qui a l'expertise de l'accompagnement au sommeil du jeune enfant. Cette personne peut transmettre des recommandations concrètes aux parents mais qui surtout, va prendre le relais auprès de l'enfant en début de soirée et toute la nuit. Le fait qu'elle prenne le relais jusqu'au lendemain matin et veille à l'ensemble des besoins et au bien-être de l'enfant permet au parent de se reposer ou de profiter de l'accompagnement concret à son domicile d'un expert du sommeil de l'enfant.

Voici deux sites que je recommande à certains parents que j'accompagne :

- https://www.nounoudenuit.fr
- https://www.nursedenuit.com/garde-de-nuit-bebe

3.2. L'épuisement émotionnel

L'épuisement émotionnel produit des bouleversements plus ou moins intenses et récurrents chez le parent.

On cherche très souvent, au travers de l'épuisement émotionnel, à dominer des émotions négatives : envers soi-même en premier lieu, puis envers son enfant, puis vis-à-vis du coparent. Une grande vulnérabilité aux frustrations va provoquer de l'irritabilité et une hypersensibilité qui vont conduire à des comportements inadaptés au contexte (crises de larmes ou colères).

Amel, maman de Yanis 7 ans décrit parfaitement ce type de ressenti et d'expression :
« Je peux pleurer beaucoup lorsque mon fils vient simplement me demander de manger ou encore hurler de colère alors qu'il est calmement en train de jouer dans sa chambre même sans bazar. Je ne sais pas ce qui m'arrive ! »

Francis, papa de Julien, 5 ans :
« Je hurle par anticipation d'une bêtise alors que rien ne se passe… j'angoisse et je le surprotège alors qu'il me demande de le laisser essayer une activité sans réel danger pour lui. »

On sent aussi très fréquemment qu'on a beaucoup de mal à relativiser et à prendre de la distance face aux évènements. On éprouve un sentiment d'ambivalence envers son enfant : « J'aime mon enfant mais je l'évite dès que je peux » ; on éprouve un sentiment de honte et de culpabilité quand on gère mal ses émotions et que l'on assume mal ces états d'épuisement, face à soi-même et face à autrui. On est en « mode robot » pour maintenir les apparences et parvenir à une efficacité de surface. On peut aussi remarquer le développement de psychosomatisations : le mal-être ne parvenant pas à s'exprimer verbalement, les douleurs somatiques permettent de se mettre à distance en expliquant : « Je ne peux pas le faire, j'ai mal au dos, au ventre, à la tête, laisse-moi ».

Un nombre important de parents s'excuse avant d'avouer en séance leurs émotions négatives à l'égard de leur enfant : « Je ne devrais pas dire cela mais… » ; ou encore « J'ai honte de l'avouer mais ». Ainsi j'entends souvent : « Je ne le supporte pas ou plus… ». Camille, maman de Tristan (5 ans), me disait souvent : « C'est fou, je me vois le laisser seul dans mon appartement et aller faire du shopping car j'en peux plus de ses crises de pleurs ! » ; et d'ajouter : « Il m'irrite si souvent que je me demande parfois si je l'aime ». Benjamin, papa de Malo (3 ans) me demande à tâtons : « C'est possible de ne pas aimer son enfant ? » ; ou encore Fatima de me dire : « Je pars me cacher dans la salle de bains pour pleurer ou hurler car c'est la seule porte avec une clé ! ». Ce qui caractérise la plupart de ces parents, c'est de ressentir des sentiments ambivalents et surtout de la honte, comme si cela était interdit.

Rita maman de quatre enfants résume tout avec ses mots simples :
« Je donne tellement que je peux être triste ou en colère de ne pas recevoir, mais je ne veux pas le montrer, donc je continue d'afficher mon plus beau sourire en mode automatique ».

Les émotions négatives les plus répandues chez le parent

1. **La tristesse – « Je me sens » : découragé, déprimé, malheureux, soucieux, déchiré.**
2. **La colère – « Je me sens » : mécontent, nerveux, frustré, fâché, furieux.**
3. **La peur – « Je me sens » : angoissé, apeuré, choqué, inquiet, mal à l'aise.**

Cependant, souvent vous avez tendance, cher(s) parent(s), à ne pas mettre du sens sur ces émotions négatives, ou vous cherchez à les évacuer. Mais ces ressentis, vous restez avec et malheureusement, ils ont tendance à grandir, à vous envahir et à faire se multiplier d'autres émotions négatives. Alors évacuez et ne stockez pas, il y a forcément une solution adaptée pour vous !

1. Face et contre la peur, vous pourriez : rechercher du soutien dans votre environnement (un ami par exemple), vous autoriser des moments de détente privilégiés, partager vos peurs pour les objectiver, vous faire câliner, demander de l'aide, vous accorder des moments de relaxation, des temps de repos et de silence.
2. Face et contre la tristesse, vous pourriez : demander des temps de repos et de solitude pour faire le point, exprimer un désir de changement, demander à votre entourage plus de sécurité affective et de la réparation en cas de blessure émotionnelle, tenter de faire la fête, danser, chanter, jouer et laisser vos larmes couler, etc.

3. Face et contre la colère, vous pourriez : trouver des solutions pour vous défouler physiquement, trouver des activités ludiques individuelles, provoquer du changement au quotidien, comprendre ce qui vous emprisonne dans cette émotion, vous tourner vers des activités de création, vous faire bien comprendre auprès des autres, demander réparation si vous avez un sentiment d'injustice…

Vous pouvez aussi tester le cri primal utilisé par des mères américaines, grâce à des séances de *primal scream* (« cri primal »). C'est un moyen d'expression intense qui permet de faire retentir sa « colère », sa « fatigue », sa « frustration » liées à sa parentalité et à sa charge mentale.

Ces mères l'utilisent sous forme collective mais on peut essayer seul ou avec son partenaire éducatif si besoin.

2.3. L'épuisement cognitif

L'épuisement cognitif provoque des troubles de la concentration, de la vigilance, de l'attention et de la mémoire.

Globalement, on peut ainsi ressentir une diminution voire une perte des capacités intellectuelles. Soyez rassuré(s) cher(s) parent(s), vous ne perdez pas réellement vos habiletés et compétences intellectuelles. Elles sont en surchauffe, en stimulation inadaptée. C'est pourquoi un ralentissement cognitif s'opère malgré vous, simplement par protection.

Ce type d'épuisement est la conséquence plus ou moins directe des deux précédents épuisements. Être fatigué physiquement et émotionnellement peut amener un déséquilibre au niveau cognitif et au niveau des compétences intellectuelles. Beaucoup de parents racontent se sentir ralentis cognitivement, connaissent des pertes de mémoire et constatent la baisse de leur vigilance. Odin, jeune papa de Sylvia 10 mois m'a demandé s'il était normal: «D'avoir comme oublié sa vie d'avant»; ou encore: «De toujours oublier quelque chose dans le fameux sac de changes». D'autres parents évoquent assez facilement cette sensation plus ou moins inconfortable de ne plus prioriser les mêmes choses qu'avant: «Insupportable cette routine des tâches»; ou de se focaliser sur leurs enfants et de perdre leur qualité de vie, leurs ambitions professionnelles.

Ils évoquent aussi certaines peurs irrationnelles: oublier une casserole sur le feu, passer sans s'en rendre compte au feu rouge en voiture, oublier l'un de ses enfants dans sa voiture, perdre ses mots lors de certains échanges avec autrui.

a. **La distanciation affective envers son enfant** est la plupart du temps très progressive, insidieuse et plus ou moins inconsciente dans les premiers temps. Elle montre que le parent a moins d'envie d'être présent auprès de son enfant, moins impliqué dans son accompagnement et moins investi. Il répond uniquement aux besoins primaires comme l'alimentation, l'hygiène, l'habillage et les tâches répétitives. Le parent semble perdre son affection vis-à-vis de son enfant. Il peut commencer à se poser des questions sur l'amour qu'il ressent et avoir peur de cette ambivalence.

C'est l'aspect le plus difficile à vivre pour le parent car il peut avoir du mal à prendre conscience que l'impact de ce sentiment sur son enfant peut être grand et engendrer un sentiment de culpabilité. Ce sont les autres qui vont pointer les différences de comportement, ce peut être l'enfant aussi, selon son âge de développement.

Katarina, maman de trois enfants m'indique tout en pleurant: «Ma fille la plus petite m'a dit hier "Maman tu es là mais pas là, tu ne fais plus de bisous ni de câlins, tu m'habilles, me donner à manger mais tu ne joues plus avec nous, maman où es-tu?", vous vous rendez compte, elle a 5 ans!». Elle ajoute avoir eu une montée de honte et de culpabilité si puissante qu'elle est partie de chez elle en courant, tout en me précisant bien que la nounou veillait sur les enfants.

b. **La perte d'épanouissement et d'efficacité dans son rôle de parent** s'accompagne et se retranscrit par de la déception, de la culpabilité et de la frustration. Le parent ne ressent plus aucun plaisir, ne fait presque plus aucun effort et souhaite passer moins de temps qualitatif avec son enfant ou en famille. Le parent se sent de moins en moins compétent et efficace, ce qui provoque une perte significative d'épanouissement parental.

Divers exemples frappants sortent de la bouche des parents comme : « Je suis passée à 80 % pour avoir le mercredi avec eux mais quelle corvée ! » ; « Je redoute les vacances alors que j'en ai tant besoin mais pas avec eux tout le temps, misère ! » ; « Je n'apprécie plus mes week-ends avec eux » ; « Je me réfugie dès que je peux dans les jeux vidéo ou sur mon portable » ; « Je n'ai pas de famille à proximité donc je l'ai tout le temps avec moi, aucun moment pour souffler vraiment » ; « Si je peux rester plus longtemps au travail, je le fais » ; « J'avoue que mon enfant me déçoit, je ne l'imaginais pas du tout comme ça, il n'aime pas ce que j'aime, il n'est pas brillant dans tel domaine, il ne me ressemble pas ! ».

Plusieurs experts ont réussi à s'accorder sur une définition de l'épuisement cognitif. Ils affirment qu'il s'agit d'une exposition prolongée à un stress chronique auquel le parent ne se sent plus capable de faire face, c'est une perte de confiance en ses habilités et compétences parentales.

Le stress parental : parlons-en !

L'Agence européenne pour la santé et la sécurité au travail définit le stress comme :

« *un déséquilibre entre la perception qu'une personne a des enjeux d'une situation et la perception qu'elle a de ses propres ressources pour y faire face* ».

Le stress va produire des impacts physiques et psychologiques importants sur le long terme : on le nomme alors « le stress chronique ». C'est ce que vivent la plupart des parents, peu importe l'âge et le nombre d'enfants dans la famille. Sa gestion si particulière dépend de nombreux facteurs comme son type de personnalité, son histoire de vie, ses capacités émotionnelles. Ces périodes de vie donnent des ressources internes et externes sur l'instant du vécu de stress.

Les fameux stresseurs les plus répandus et perçus comme des challenges du quotidien sont :

- la transition vers la parentalité avec le premier enfant ou l'arrivée d'un nouvel enfant (gestion des angoisses parentales normalisées ou pas) ;
- la réduction du temps personnel en tant qu'adulte avec le statut de parent à temps plein ;
- le vécu du manque de temps généralisé ;
- la présence de l'entourage social ;
- la question des choix, des consensus, des compromis, des sacrifices ;
- la question financière concernant la famille et les enjeux économiques ;
- l'enfant lui-même dans sa dépendance, ses étapes de développement, sa personnalité, ses problématiques, son état de santé et la gestion de la fratrie (selon l'âge, le nombre, le genre) ;
- la relation avec le partenaire éducatif (couple parental et/ou conjugal).

Tous les parents du monde sont exposés à ces stresseurs. Toutefois, il y a des façons de les appréhender et de les gérer qui sont plus ou moins différentes d'un parent à un autre !

Très souvent les parents que je reçois en consultation vont avoir ce type d'expressions à plusieurs reprises concernant leur parentalité : « Épuisé, exténué, toujours au taquet, vidé, à cran et à bout, pressé comme un citron, vampirisé, au bout du bout, exténué, agité ou stressé en permanence, dépassé, sous pression constante, en ébullition, en rage, déconnecté de l'enfant, surchargé, éreinté, claqué, maltraitant, abattu, écœuré, saturé, dégoûté, cinglé, dépassé, usé, mauvais parent, comme une ombre, un robot, etc.».

Il est important de souligner que selon M. Mikolajczak et I. Roskam, pour poser un diagnostic de burn out parental, il n'est pas nécessaire que les trois facettes énoncées ci-dessus soient identifiées. C'est la sévérité des symptômes sur deux facettes qui compte davantage. Cette sévérité est donc à évaluer *via* des échelles spécifiques et des entretiens cliniques avec un expert de ce sujet uniquement.

Pour vous aider à y voir un peu plus clair, je vous propose dans le chapitre 5, de réaliser une auto-évaluation sur le potentiel BOP que vous pourriez vivre.

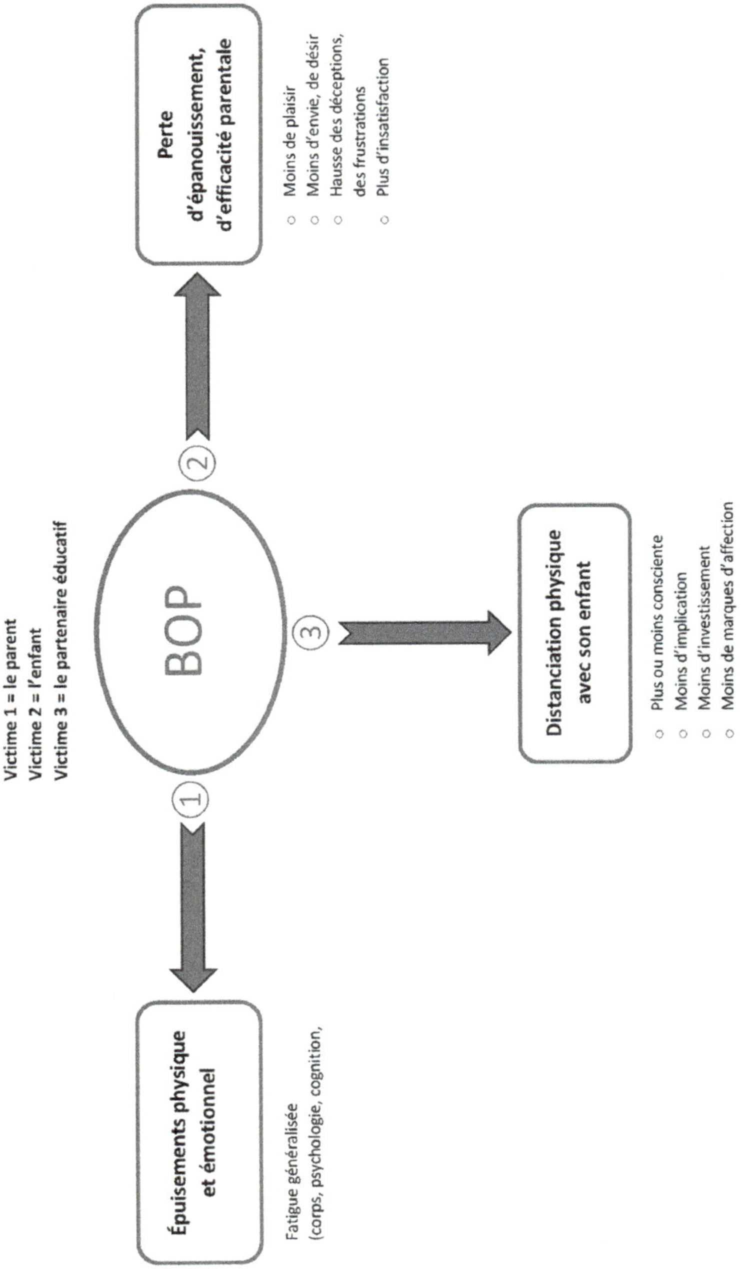

Figure 2. Les trois facettes du BOP.

Idées à retenir

1. Le BOP est un syndrome qui intéresse des experts de la parentalité du monde entier depuis un certain temps.
2. Les deux références mondiales sont M. Mikolajczak et I. Roskam. Vous pouvez lire leurs articles et leurs ouvrages pour alimenter votre réflexion.
3. Le BOP a été évoqué clairement la première fois par une maman américaine, et non par un professionnel !
4. Le BOP touche tout type de parents, même si les mamans semblent être les plus concernées par cette difficulté.
5. Un parent sur cinq risque d'être touché par le BOP au cours de sa parentalité.
6. En cas de BOP, vous pouvez ressentir sur le long terme, dans votre vie parentale, plusieurs signaux d'alerte :
   - épuisement physique et émotionnel ;
   - distanciation affective avec l'enfant ;
   - perte d'efficacité et d'épanouissement parental.

Chapitre 3

Troubles liés à la parentalité…

… et autres difficultés parentales rencontrées

Il est important, cher(s) parent(s), que vous puissiez bien faire la différence entre le BOP et d'autres difficultés parentales. Il se peut que certaines difficultés présentées ci-dessous puissent devenir un facteur déclencheur de BOP. Cependant, ce n'est pas forcément le cas.

1. Les troubles des mères

1.1. La psychose puerpérale

Stéphanie, maman d'Athéna (2 ans) :

« J'ai vécu ce truc fou (la psychose puerpérale) à l'arrivée de ma fille, jamais aucun professionnel ne m'en avait parlé d'ailleurs. J'ai choqué toute ma famille et j'ai vraiment souffert. Néanmoins, je milite maintenant pour que ce trouble ne soit plus un tabou et que les futurs parents puissent le connaître, car on peut en sortir avec un accompagnement adapté. Je vais bien maintenant et j'aime ma fille plus que tout ».

La psychose puerpérale ou psychose post-partum : c'est un trouble psychiatrique en lien avec la psychologie de la maternité, survenant le plus souvent quelques jours après l'accouchement. Cela touche une mère tous les mille accouchements. Il apparaît le plus souvent lors de la première grossesse et sans que la femme ait eu des antécédents psychiatriques diagnostiqués auparavant. Il n'y a pas de cause formelle identifiée ; les experts de la santé mentale évoquent une difficulté dans le processus psychique complexe de la maternité et quelques facteurs précipitants comme un vécu de stress intense durant la grossesse pouvant être lié à un isolement social et familial. La mère est dans un état confusionnel très important : elle est sujette à des délires ou à des hallucinations, subit beaucoup d'angoisses irrationnelles, et présente une grande instabilité dans son humeur, souvent en lien avec son bébé. Considérée comme une urgence psychiatrique, notamment à cause des risques encourus pour elle et son bébé (suicide, infanticide), la mère est en rupture totale avec la réalité qu'elle vit. Elle est alors admise en hôpital psychiatrique ou en unité de soins spécifiques avec son bébé, ce qui nécessite souvent une mesure de soins sous contrainte.

1.2. Le baby-blues

Sophie, maman de Constance (4 ans) et Roméo (2 ans) :
« Pour ma fille Constance, je n'ai pas vécu ce temps de baby-blues ou peut-être de façon très rapide... mais pour Roméo oulalala ! Même mon mari était perdu face à mes émotions et mes peurs ! Je ne comprenais pas pourquoi, je ressentais du vide alors que mon bébé était en face de moi et en plus, il pleurait énormément ! Je ne savais pas quoi faire à part pleurer avec lui... l'ambiance ! J'ai pu me faire accompagner par des superbes sages-femmes et mon mari a pu aussi en discuter avec la psychologue de l'hôpital. J'ai été rassurée sur le fait que mon vécu était normal et que je pouvais y faire face : en à peine cinq jours, tout allait mieux ».

Le baby-blues ou « syndrome du troisième jour » : c'est un ressenti émotionnel global associé à un trouble de l'humeur qui peut se déclarer quelques heures ou quelques jours après l'accouchement. Certaines mamans traversent cette période en l'associant « au vide, à la peur et à la déprime ». Bon nombre d'experts estiment que cela peut être une réaction naturelle causée par l'ensemble des changements vécus (bouleversements psychologiques, physiques, physiologiques, hormonaux) en lien avec la fin de la grossesse et l'arrivée « réelle » du bébé. Le baby-blues concerne 50 % à 80 % des femmes qui accouchent, donc chères mamans, pas de perte d'estime de vous-même ! Vous pouvez vous sentir triste, sans repères, hypersensible, perdre confiance en vous, avoir des émotions débordantes : il s'agit d'un état généralisé qui peut durer quelques heures voire quelques jours. Il est recommandé d'en parler avec un professionnel de la santé après quinze jours car si ce ressenti se prolonge au-delà du dixième jour, il peut parfois être le point de départ d'une dépression du post-partum.

1.3. La dépression du post-partum

Safia, maman de Mehdi (18 mois) :

« J'étais tout le temps fatiguée, incapable de donner le biberon à mon fils, je voulais le faire mais mon corps ne suivait pas. Et plus le temps passait, plus je me dévalorisais et donc moins je parvenais à prendre soin de lui. Je voyais mon mari le faire et ma mère aussi, je culpabilisais d'être une mauvaise maman, c'était plus fort que moi… jusqu'à ce que mon mari me demande d'en parler à mon médecin et ma sage-femme car cela durait depuis plus d'un mois et qu'il observait que c'était de pire en pire… il m'a soutenue sans me juger ».

La dépression du post-partum ou dépression puerpérale : c'est un trouble psychologique pouvant survenir pendant l'année suivant l'accouchement. Il peut se manifester généralement dans les six à huit semaines suivant la naissance de l'enfant. 10 à 20 % des mères sont touchées par une dépression post-partum dans les quatre semaines qui suivent l'accouchement. Alors Mesdames, vous n'êtes pas seules !

Les professionnels de la santé mentale peuvent la diagnostiquer en dépistant un ou plusieurs symptômes qui s'installent pendant au moins deux semaines d'une façon continue :

- vous avez l'impression de manquer d'énergie vitale, tout devient un effort surhumain ;
- vous avez des difficultés à vous occuper de votre bébé et à accomplir ses besoins primaires ;
- vous vous sentez incapable de réaliser la moindre petite tâche de votre vie quotidienne ;
- vous perdez toute sensation de plaisir et vous ne désirez plus vraiment rien, même des choses que vous appréciez faire avant ;
- vous vous sentez triste sans raison vraiment apparente, quel que soit l'évènement, le contexte ;
- vous vous sentez envahie par des pensées et des émotions uniquement négatives ;
- vous rencontrez de grandes difficultés dans votre sommeil ;
- vous semblez avoir des troubles alimentaires car votre appétit va en diminuant.

Il existe différentes échelles élaborées par les professionnels de la santé mentale. Vous pouvez procéder à une première auto-évaluation, si vous le souhaitez, *via* cet outil de dépistage « La dépression post-partum EPDS » (*Edinburgh Postpartum Depression Scale*)[16]. Il peut vous permettre de vous aider à y voir plus clair, et vous pouvez parler de votre résultat avec votre sage-femme, votre médecin ou un psychologue.

Évidemment, il est fortement recommandé de se faire accompagner dans la dépression du post-partum par ses proches et par des professionnels de la santé. Mesdames, vous pouvez en parler avec votre sage-femme, votre gynécologue, un psychologue expert en périnatalité, votre médecin de famille. N'hésitez pas à vous rendre dans des centres comme votre PMI, dans des espaces d'accueil et d'échanges parents/enfants ou encore en milieu associatif. L'association Maman Blues[17], par exemple, est une association parentale qui soutient, informe, conseille les familles concernées par la difficulté maternelle. Elle est reconnue d'intérêt général.

2. Les troubles des pères

2.1. Le daddy-blues ou la dépression du post-partum

Et vous, les papas, pouvez-vous être touchés par le daddy-blues ou la dépression du post-partum ?

Jean-Baptiste, papa de Célestine (1 mois) :

« Eh oui, je peux affirmer devant vous que je vis une dépression du post-partum alors que ma partenaire non ! J'ai été diagnostiqué par mon médecin, j'ai besoin d'un suivi psychologique. Je me sens mal face à mon enfant alors que je souhaite être vraiment à la hauteur, je pense que j'ai du mal à trouver ma place de papa, donc j'en souffre ».

Oui ! car il existe des vécus psychiques spécifiquement en lien avec la parentalité que l'on pourrait nommer « les pathologies parentales » (l'adjectif « parental » recouvre la maternité et la paternité).

Jusqu'à 8 % des pères traversent une dépression pendant la grossesse ou la période du post-partum. C'est une période de grands changements qui est bouleversante pour eux aussi. Selon une étude publiée dans la revue JAMA Psychiatry[18], un père sur vingt souffrirait de dépression post-partum. Toutefois, sa prise en compte et sa prise en charge sont malheureusement sous-estimées car les pères bénéficient de peu de soutien en lien avec leur parentalité. Pourquoi? Parce que ce trouble est davantage associé à la mère et les symptômes sont exprimés différemment; il ressort davantage de troubles de l'agressivité (agitation, très forte irritabilité, colère) avec des stratégies de fuite et d'évitement (du couple parental et de l'enfant). Le père a aussi plus de difficultés à comprendre ce qui lui arrive et à en parler avec son entourage ou le corps médical. Il faudrait donc dans l'idéal accorder au père un accompagnement parental, tout comme cela est proposé à la mère, sur un versant davantage psychologique que médical.

Les facteurs déclencheurs ne sont pas identiques à ceux des mères, ce qui est compréhensible et normal car le père ne ressent pas les mêmes émotions face à la grossesse de sa partenaire. Il est davantage soumis à des inquiétudes, des angoisses et des questions qui sont surtout en lien avec sa place et sa posture vis-à-vis du duo maman/enfant. Selon les situations vécues et les attitudes maternelles, le père peut se sentir perdu, en proie à des difficultés de positionnement dans le cercle familial. Il lui est difficile aussi d'exprimer ses ressentis car il veut avant tout prendre soin de sa partenaire. Il va souvent se poser mille et une questions sans avoir le sentiment de pouvoir les partager avec la mère, les professionnels de la santé, voire aussi son entourage. Malheureusement, souvent, il reste seul avec ses ressentis et peut se montrer maladroit, de peur de mal faire.

Le père doit réussir à trouver sa place et à se faire entendre sans brusquer quiconque. Il peut aller de lui-même chercher des réponses et surtout prendre le temps d'échanger sur la notion de couple parental avec sa partenaire. Même si le père ne vit pas de transformation physique durant la grossesse de sa partenaire (ou rarement une couvade), cela ne l'empêche pas pour autant de ressentir des émotions, des difficultés psychologiques et de la fatigue physique. Les symptômes sont assez communs avec ceux de la mère pourtant. Le père doit aussi aller à la découverte de son enfant en se mettant le moins de pression possible, et montrer son investissement et son engagement parental. Il peut le faire à sa façon et à son rythme, ce qui aidera mieux ce trio familial à se former, et créer une ambiance d'harmonie et de sérénité pour chacun. Le père n'est pas une aide pour la mère, il est autant qu'elle une figure de référence et d'attachement pour son enfant : à lui de prendre cette place avec désir.

J'ajoute qu'une couvade peut être un élément déclencheur possible de la dépression post-partum.

2.2. La couvade

La couvade en quelques mots : ce trouble survient quand le futur papa ressent des symptômes typiques de grossesse et notamment des modifications corporelles en lien avec l'évolution de grossesse de sa partenaire. Apparemment, un futur papa sur cinq serait concerné, donc ce n'est pas rien ! C'est une réaction psychosomatique alliant la psychologie, des réactions corporelles et physiologiques décrites comme involontaires et inconscientes de la part du futur papa. Plusieurs études ont pu mettre en évidence des changements hormonaux, et notamment une baisse réelle du taux de progestérone et/ou une augmentation du taux de prolactine (hormone préparant l'allaitement). Le symptôme le plus apparent est la prise de poids au niveau du ventre et de façon secondaire des symptômes assez typiques de la grossesse comme les nausées, les vomissements, la fatigue, etc.

Mais que se passe-t-il ? Il y a des variables possibles pour expliquer les causes selon le ressenti du futur papa. Le plus souvent cela traduit des inquiétudes diverses sur le vécu de la grossesse de la partenaire, sur la santé du bébé, sur la place qu'il peut occuper durant la grossesse, sur les projections liées à son futur rôle parental. Cela peut éventuellement traduire une forme de frustration de ne pas pouvoir vivre aussi pleinement que la femme la grossesse dans son ensemble. Les causes peuvent donc être différentes, d'un père à un autre.

3. La phobie d'impulsion concernant la parentalité

Carla, maman de Pacôme (4 ans) :

« Alors je viens vous voir car j'ai l'impression que je pourrais faire du mal à mon fils... c'est dur à dire... mais j'ai peur de le faire vraiment. Je ne sais pas pourquoi, j'ai toutes ces images dans ma tête mais j'ai vraiment très peur de moi. Évidemment, ce n'est pas toujours facile car mon fils a besoin de bouger souvent et qu'il peut me fatiguer, toutefois, je me vois le frapper très fort avec des objets... et pas qu'une fois, c'est normal ? ».

La phobie d'impulsion en lien avec votre parentalité est une sorte d'obsession se caractérisant par une crainte omniprésente de commettre un acte agressif, violent et/ou répréhensible, et moralement interdit sur son enfant.

C'est un TOC faisant partie de la clinique des troubles obsessionnels compulsifs. Attention, ce n'est pas vraiment une phobie au sens propre du terme car ce TOC ne provoque pas de façon obligatoire le passage à l'acte pour soulager sa peur.

Il s'agit de la représentation mentale d'images de vous en train de faire du mal à votre enfant. C'est comme une sorte de projection d'actes violents sur un mur blanc, ou une vision de vous-même en train de violenter votre enfant, le jeter par une fenêtre, lui faire mal avec un couteau, le rouer de coups... Quel parent n'a jamais avoué ce type de pensées un jour ouvertement, sans pour autant réaliser ce qu'il imagine ? C'est assez banal à vivre dans sa parentalité, pourtant, dans 99 % des cas, il n'y a aucun passage à l'acte. Vous avez cette pensée, elle arrive d'une façon non maîtrisée, vous la vivez quelques secondes et vous la rejetez spontanément. Toutefois, cela peut provoquer une peur de perte de contrôle face à son enfant. On se découvre comme un parent mauvais ou fou, pris d'intentions vraiment négatives. Ce TOC alimente une forme d'anxiété qui génère cette peur horrible de ne pas être capable d'aimer et de prendre soin de son enfant.

En revanche, si vous avez la sensation d'avoir ce type de pensées de manière récurrente, vous pouvez et devez en parler à un professionnel de santé. Non pas parce que vous allez vraiment passer à l'acte et jeter votre enfant par la fenêtre, mais plutôt parce que vous allez ressentir de plus en plus de culpabilité, d'angoisse et de honte, ce qui va forcément impacter votre parentalité au quotidien. Le but premier est de vous décharger de ces pensées, et éventuellement d'y mettre du sens pour vous apaiser.

Revenons ensemble sur le fameux BOP, cher(s) parent(s), avec le chapitre 4.

Idées à retenir

1. Le BOP est une difficulté parentale à part entière, il n'est pas une composante d'un autre trouble comme la psychose puerpérale, le baby-blues, la dépression du post-partum et la phobie d'impulsion.
2. Le BOP ne doit pas être confondu avec les autres difficultés parentales car l'accompagnement est spécifique pour chacune d'entre elles.
3. Le BOP peut toucher les femmes et les hommes.

Chapitre 4

« Pourquoi moi ? »

Existe-t-il un profil particulier de parent touché par le BOP ?

À votre avis, c'est quoi ce fameux « Pourquoi moi » ?

« Pourquoi moi ? »... parce que :

....

....

....

....

....

....

....

....

....

....

....

....

....

....

Juliette, maman d'Emma (6 ans) et Estéban (12 ans), après plusieurs séances de guidance parentale ose me demander :

« Mais pourquoi moi, je n'y comprends rien, je bloque sur les causes, je suis perdue... je ne suis pas comme ça juste à cause de mes enfants... c'est impossible, c'est moi l'unique responsable, c'est pourquoi, je ne parviens pas à assumer. Je suis trop timide, pas assez fonceuse ni déterminée, bref trop faible, quoi ! »

Puis elle pleure de toutes ses forces tout en s'excusant de pleurer.

C'est **la** question posée par le parent pour tenter de mettre du sens sur son vécu ; le fameux **pourquoi** ? « Pourquoi cela me tombe dessus, pourtant, je ne suis pas une mauvaise maman ou un papa dingo ». La prise de conscience peut être plus ou moins complexe voire douloureuse, et c'est un point important à souligner. De plus, il est possible d'avoir terriblement désiré son enfant et de glisser tout de même vers un BOP. Je le répète souvent en séance avec les parents, le BOP ne vous dépossède pas de l'amour que vous portez à votre enfant, il peut uniquement l'abîmer dans ses contours. Il peut éroder pour un temps la relation que vous nouez avec lui, mais jamais il ne fera disparaître cet amour réciproque. Par ailleurs, une réparation affective est toujours possible et envisageable malgré ce vécu de BOP.

Il est tout à fait légitime de vouloir comprendre ce que l'on ressent et ce que l'on vit pour réussir à mettre des mots sur ses maux. Si vous cherchez à donner sens à ce vécu, c'est un très bon signe et marque votre volonté d'en sortir ou de ne pas en passer par le BOP. Ce questionnement est difficile mais nécessaire car il brise de façon plus ou moins nette vos idéaux, vos espoirs, vos attentes en tant que parent. Le besoin de cerner les causes est essentiel pour se libérer des émotions souvent négatives et qui vont se renforcer si vous vous dévalorisez davantage.

Rassurez-vous tout de même, cher(s) parent(s), il n'y a pas une cause unique pour le BOP. Cela serait plutôt dû à une accumulation de facteurs, ce qui n'est pas la même chose, et lié aussi aux capacités de chacun d'y faire face. En somme, il ne semble pas exister un profil de parents pouvant être touché par le BOP. Rassurés ou pas?

Voici les contextes pouvant faire glisser vers un BOP, selon la plupart des ouvrages et des études consacrés sur le sujet.

- **Les mamans sont plus touchées que les papas** (tâches et fonctions plus nombreuses et plus diverses que celles du père, même en 2022!) en lien avec l'investissement général dans l'éducation de l'enfant au quotidien.

À interroger: la dynamique du couple parental, la question du genre dans la parentalité, la répartition des tâches et les interrogations sur les stéréotypes liés à la parentalité («une maman est comme ceci et un papa comme cela!»).

- **L'âge au moment de votre entrée dans la parentalité** (le parent adolescent et le parent au-delà de 45 ans)

À interroger: la période d'une vie d'instabilité ou de stabilité, sa capacité existentielle à être confronté au monde, son désir de faire et d'être, en fonction de son âge de développement, de sa maturité et de son élan de vie.

- **Le nombre d'enfants** (multiplication des tâches à effectuer au quotidien) avec le passage d'un à deux puis surtout de deux à trois

À interroger: la constitution d'une fratrie, le passage des stades de développement de chaque enfant, la solidité du couple parental, la capacité à se réorganiser, à modifier son rythme de vie et la question de la gestion de la vie quotidienne plus lourde, donc plus complexe.

- **La naissance multiple**

À interroger: la question du désir d'enfant, la perception d'en avoir plusieurs en même temps, la question de l'enfant idéalisé tout comme la grossesse et la parentalité, les questions économiques et matérielles liées à l'accueil de plusieurs enfants en même temps. Ces incertitudes augmentent en fonction du nombre d'enfants.

- **Le niveau d'éducation** (niveau de scolarité)

À interroger : la capacité à raisonner, l'ampleur de ses connaissances, son aptitude à chercher des informations.

- **La situation d'emploi** (temps / qualité / salaire / réseau social / niveau de satisfaction).

À interroger : le niveau de vie global, le statut professionnel et la charge de travail.

- **La famille recomposée** et ses aléas

À interroger : un vécu de séparation, un nouveau couple, le rôle de beau-parent et la gestion de l'organisation globale plus complexe à cause de la combinaison de plusieurs familles.

- **L'âge des enfants** (bas âge et adolescent)

À interroger : la question des besoins et du niveau de dépendance ainsi que la question des risques et du danger.

- **Les enfants d'âges rapprochés en bas âge** (plusieurs entre 0 et 5 ans)

À interroger : la gestion de la vie quotidienne d'enfants ayant quasi les mêmes besoins en même temps.

- **Parents d'adolescents adoptés**

À interroger : la question de la communication autour de l'adoption, de l'histoire de vie de l'enfant adopté, de la gestion émotionnelle et de l'identification spécifique à l'adolescence.

- **Présence d'une pathologie chronique ou d'un handicap chez l'enfant**

À interroger : les besoins spécifiques de l'enfant, l'ensemble de ses accompagnements nécessaires à son développement, le vécu émotionnel dans la famille de la pathologie ou du handicap, sa nature, son acceptation.

- **Présence de troubles de parentalité** en lien avec la santé mentale du parent

À interroger : la pathologie mentale du parent et ses potentielles difficultés dans son investissement parental au quotidien, la question du risque et du danger pour l'enfant.

- **La famille monoparentale**

À interroger : la question de la gestion seul(e) de l'ensemble des composantes de la vie de parent et de l'ensemble des difficultés du quotidien (avec un fort sentiment d'isolement voire d'exclusion de la vie sociale).

Puis, il y existerait des facteurs déclencheurs possibles, pouvant vous amener vers le BOP, mais pas de façon obligatoire ou systématique, comme :

- une intelligence émotionnelle peu opérationnelle : ressentir des difficultés à comprendre, exprimer et gérer ses émotions au quotidien ;
- le sentiment ancré de ne pas être un bon parent depuis un certain temps, donnant une forte dévalorisation de ses habilités et compétences parentales : anticiper toujours dans la négativité son rôle de parent au quotidien ;
- de nombreuses insatisfactions parentales, et dans son couple parental : frustrations qui peuvent dominer la vie du parent ;
- un ressenti de manque de temps pour soi en tant qu'adulte : ne se ressentir uniquement que comme un père ou une mère (ce qui génère une grande source d'insatisfaction sur le long terme) ;
- un profil perfectionniste en général et dans sa vie de parent : grandes exigences envers soi et objectifs idéalisés donc irréalisables dans la vie réelle ;

- coparentalité difficile : ne pas réussir à avoir une sorte de projet pédagogique et éducatif commun pouvant avoir de fortes répercussions sur l'harmonie parentale ;
- manque de cadre ferme et bienveillant auprès de l'enfant : la question des limites et des règles peut faire imploser votre mission de parent dans votre quotidien si elles ne sont pas présentes et intériorisées par votre enfant.

Mais surtout, ce qui fera la différence, c'est votre façon de faire face à cette exposition, voulue ou non d'ailleurs. Il existe quelques paramètres que vous ne pourrez pas toujours maîtriser, contrôler ou anticiper dans ce long listing de **facteurs** ! Et malheureusement, nous ne sommes pas tous égaux s'agissant de notre réactivité ou de nos prises de conscience. Cependant, demander de l'aide est à la portée de tous les parents du monde !

Idées à retenir

1. Il est normal de se demander pourquoi, néanmoins, dépassez cette étape rapidement car elle ne vous aidera pas positivement à sortir du BOP. Car si vous ruminez trop, vous risquez d'être freiné par la culpabilité...
2. Il n'existe aucune cause unique dans le BOP.
3. Les facteurs déclencheurs sont nombreux et en lien direct avec votre histoire de vie.
4. Le BOP peut toucher n'importe quel parent, il n'existe pas de profil type !
5. Oser demander de l'aide ou du soutien est à votre portée et fera de vous un excellent parent.

Chapitre 5

L'auto-évaluation parentale

Êtes-vous un parent « burnouté » ou pas, ou presque, ou proche de l'être ?

Le but de cette auto-évaluation est de vous permettre de mieux vous rendre compte et avec transparence, de votre vécu de parent. C'est un exercice qui peut paraître évident mais face à certaines questions ou certains choix de réponses, vous pourriez avoir tendance à embellir votre expérience par crainte de ne pas être dans une sorte de norme parentale attendue. Lâchez tout, c'est le moment ! Pas de mensonges à vous-même, courage cher(s) parent(s), vous pouvez le faire ! Et vous vous devez d'avoir ce regard transparent et authentique sur votre quotidien et sur celui de votre famille.

Il ne s'agit pas ici d'établir un auto-diagnostic ; cet exercice est simplement une première étape vers une prise de conscience parentale nécessaire et bénéfique pour vous. Cette auto-évaluation servira de curseur pour vous aider à vous positionner sur votre vécu et ne doit surtout pas être un catalyseur de culpabilité supplémentaire. Voyez-la comme un outil de prise en soin pour votre vie parentale.

Je souhaite souligner que seuls des experts de la parentalité peuvent poser un diagnostic sur votre expérience de parent en vous proposant un accompagnement adapté à votre problématique, et ce au sein d'une équipe souvent pluridisciplinaire. Cette auto-évaluation est inspirée des questions que je pose aux parents lors de nos entretiens de guidance parentale. Il existe d'autres types d'auto-diagnostic, comme le *Parental Burnout*

Assessment (PBA) ou encore le *MBI parental*[19]. Toutefois, et afin d'obtenir un diagnostic fiable, je vous conseille de vous faire accompagner par des experts de la parentalité. J'insiste sur ce point, car si votre souffrance est bien réelle, votre besoin de soutien requiert une connaissance fine et professionnelle du BOP.

Vous pouvez réaliser cette auto-évaluation seul(e) ou avec votre partenaire éducatif. Et si vous l'osez, vous pouvez même le réaliser avec l'aide de votre enfant (seulement à partir de l'âge de 10 ans). C'est à vous de décider, il n'y a pas d'obligation, seulement des propositions !

Très souvent, le parent le fait seul puis, par besoin d'être confirmé dans son ressenti, le réalise avec son partenaire éducatif pour s'assurer de son objectivité. J'insiste donc sur l'importance d'être vrai avec soi pour réussir à s'auto-évaluer le plus justement possible.

À la fin de votre auto-évaluation, vous n'aurez simplement qu'à compter le nombre de réponses obtenues selon chaque symbole et à identifier le symbole le plus représenté. Ce résultat, qui va interpréter la nature de votre vécu, se base sur la notion de vulnérabilité.

Il vous sera décrit quatre interprétations possibles (vulnérabilité nulle/faible/modérée/élevée). Si vous vous situez dans le champ d'une vulnérabilité élevée, il est possible que vous soyez « burnouté » ou en cours de l'être.

1. L'auto-évaluation

Point de peurs ni d'angoisses cher(s) parent(s), procédez avec honnêteté et sincérité ! Ne reculez pas ! À vous de choisir des réponses qui se rapprochent le plus de votre vécu.

1. Vous sentez-vous émotionnellement fragilisé par votre vie de parent au quotidien ?

♣ Pas vraiment, je me sens épanoui et heureux la plupart du temps, même si je reconnais la réalité de certaines difficultés face à mon enfant, de temps en temps.
♦ Oui, je me sens dépassé et frustré de ne pas réussir à faire tout ce que je souhaite même si je ressens du plaisir à avoir un enfant.
♥ Clairement oui, je me sens presque constamment en colère et épuisé, même si je tente de lutter contre ces émotions négatives pour ne pas que mon enfant soit impacté dans son développement.
♠ Du dégoût et du vide : voilà ce que je ressens chaque jour. J'en ai conscience mais à qui le dire ? Et surtout qui peut le comprendre vraiment ? Je ne veux pas que l'on me voie comme un mauvais parent.

2. À la fin d'un week-end en famille avec votre enfant, comment vous sentez-vous ?

♠ Vivement lundi, son retour à l'école et le mien au travail, c'est un supplice le week-end !
♣ J'aimerais que le lundi soit inclus dans le week-end, car deux jours c'est trop court pour vraiment en profiter.
♦ Fatigué mais heureux d'avoir pu rire, échanger, jouer, chanter et cuisiner avec mon enfant, car la semaine j'ai plus de difficultés à le faire.
♥ Je n'ai pas du tout ressenti que c'était le week-end, seulement des jours comme les autres, sans saveur quelconque.

3. À quel moment, dans votre quotidien de parent, ressentez-vous des tensions ?

♠ Tout mon quotidien est un défi à révéler sans exception : les soins, la gestion des repas, de la scolarité, des loisirs, des vêtements, de l'hygiène, du bien-être de tous ! Et les finances, mon Dieu !

♦ Uniquement le soir à partir de 18 heures quand la fameuse routine de gestion des impératifs se met en place.

♥ Le week-end, que je ne vis jamais comme des moments de repos, sauf quand mon enfant est chez sa mamie ou chez son oncle.

♣ Aucun moment de tension vraiment, un pur bonheur la vie de parent !

4. Ressentez-vous des difficultés à montrer des paroles ou des gestes affectueux envers votre enfant ?

♣ Jamais ! J'adore les câlins, les bisous, les mots tendres, je ne ressens aucune difficulté à le faire tous les jours et plusieurs fois par jour ; c'est mon enfant souvent qui dit « stop » !

♦ Parfois, certains soirs, plutôt en fin de semaine... alors que souvent c'est à ces moments-là qu'il est le plus demandeur.

♥ Oui quand il multiplie les bêtises, les comportements négatifs, les crises et surtout quand il me repousse quand je veux lui faire des câlins ou qu'il me dit : « je ne t'aime pas ».

♠ Quasi tous les jours, je ressens de moins en moins l'envie ni le besoin d'avoir des gestes affectueux ; ou je fais semblant pour cacher mes émotions ou ne pas blesser mon enfant.

5. Comment pouvez-vous décrire votre implication au quotidien envers votre enfant ?

♣ Je fais ce qu'il faut en fonction de ses besoins, de ses demandes et de son âge aussi.

♦ J'en fais beaucoup plus que mon partenaire, c'est certain et facilement vérifiable !

♥ Totalement investi, je ne peux imaginer faire autrement, je suis disponible autant que possible.

♠ En baisse, car j'ai de moins en moins envie de faire des choses même simples avec lui, comme jouer, dessiner, aller au parc, ou même rire.

6. **Vous est-il déjà arrivé d'avoir l'impression d'agir comme une sorte de robot sans émotions et sans échange avec votre enfant ?**
   ♣ Jamais, c'est impossible de faire ça ! C'est quelque chose que je ne comprends pas.
   ♥ Peut-être quelques fois, surtout par fatigue physique. J'agis donc, mais sans grande concentration et je commets des maladresses dans ma communication.
   ♠ Plusieurs fois sans m'en rendre compte, mais c'est mon enfant qui le remarque en disant : « Tu es là où tu rêves ? ».
   ♦ À quel parent normal cela n'est jamais arrivé ? Sérieusement...

7. **Comment ressentez-vous votre ambiance familiale et votre lien avec votre enfant au quotidien ?**
   ♣ Au top la plupart du temps, avec des hauts et des bas. Mais c'est une vie banale, sans grande panique !
   ♠ Inégale, instable, triste voire déprimante... mais j'aime mon enfant !
   ♦ Peut mieux faire selon les périodes et les envies de chacun.
   ♥ Pas celle que je voulais, c'est sûr, mais je ne sais pas vraiment pourquoi !

8. **Comment vous percevez-vous comme parent dans votre quotidien ?**
   ♣ Efficace, aimant, stable, raisonné et lucide.
   ♥ Imparfait, maladroit, heureux, débordé.
   ♠ Angoissé, distant, vidé, épuisé.
   ♦ Persévérant, patient, perfectible, fatigué.

9. **Avez-vous déjà ressenti du regret à être parent dans votre quotidien ?**
   ♥ Oui parfois, j'ai la nostalgie de ma vie d'adulte d'avant... mais j'imagine que c'est comme tous les parents du monde qui regrettent parfois de ne plus aller au cinéma ou de faire du sport comme ils veulent.
   ♣ Non pas vraiment, je sais que rien n'est parfait et que je dois m'organiser pour bien vivre ma vie d'adulte aussi.
   ♠ Oh que oui, jusqu'à avoir envie de partir et de tout abandonner quand je passe devant une agence de voyages...

- ♦ C'est une adaptation au quotidien, c'est dur parfois mais je n'ai jamais eu de regrets.

10. **Avez-vous déjà réfléchi à effectuer des changements dans votre vie de parent ?**
    - ♠ En ce moment, oui, j'en ai très envie mais je ne sais par où commencer. J'ai l'impression que je dois tout changer et j'ai peur.
    - ♦ Non jamais, je me sens plutôt bien même si quelques évènements m'ont perturbé, je n'en ai pas besoin.
    - ♣ Il m'arrive de m'interroger et ça donne lieu à des changements positifs. Je sais que je peux le faire quand j'en ressens le besoin sans tout remettre en question sur ma parentalité.
    - ♥ Par la force des choses, la vie change… je m'adapte aussi puisque mon enfant grandit, pas le choix !

Roulement de tambour ! À vous de compter vos symboles – ne trichez pas cher(s) parent(s) – pour savoir quelle interprétation correspond à votre vécu parental et si elle confirme l'apparition possible d'un burn out parental.

2. Quatre interprétations possibles

♣ 5 symboles et plus : vulnérabilité nulle

Vous semblez bien vivre votre parentalité, sans embûche ni problématiques importantes actuellement. Vous en éprouvez une forme d'épanouissement parental et disposez de facilités à vous investir et de ressources internes/externes pour vous aider au quotidien. Il serait justement intéressant de faire le point sur vos forces pour les maintenir de façon pérenne.

Vous portez en vous une forme de relativisme à toute épreuve, c'est certainement la clé de votre bien-être. Je tiens à souligner que la vigilance émotionnelle doit rester de mise car comme il a pu être dit dans cet ouvrage, aucun parent n'est à l'abri de l'apparition de quelques symptômes s'apparentant au BOP.

Conclusion : tout va bien pour vous en ce moment, continuez sur cette voie de la parentalité souhaitée et bien vécue. Et pourquoi pas, partagez votre vécu, vos conseils, vos astuces pour aider d'autres parents.

♦ 5 symboles et plus : vulnérabilité faible

Vous semblez ressentir parfois quelques difficultés... et vous me répondrez : « Normal quoi ! ». Évidemment bien sûr, le risque zéro n'existe pas. On doit toujours faire face à des complications basiques dans la vie d'un parent lambda : fatigue, gestion du planning, courses, activités, etc.

Néanmoins, vous constatez aussi que la parentalité n'est pas toujours facile. Essayez de visualiser concrètement vos astuces du quotidien pour faire face à ces problématiques, cela pourrait vous aider à faire peut-être entièrement disparaître quelques ressentis plus ou moins adaptés à votre parentalité. Vous semblez être en adéquation avec vos désirs parentaux en grande majorité, ce qui n'est pas une chose aisée à maintenir au jour le jour. Renforcez les éléments qui fonctionnent et vous aident à conforter cet équilibre parental quotidiennement.

Conclusion : restez vigilant à votre bien-être parental dans le quotidien, continuez votre cheminement intérieur, sans négliger les quelques difficultés plus ou moins surmontables.

♥ 5 symboles et plus : vulnérabilité modérée

Ayez clairement conscience qu'il faut davantage prendre soin de vous et que cette mise en pratique doit être imminente. Une possible perte d'épanouissement parental s'insinue dans votre quotidien : il est donc primordial d'en analyser les causes pour les contrecarrer au plus vite. Vous vous sentez de moins en moins opérant dans les actes de la vie courante de votre enfant, peut-être à cause d'une forme de lassitude généralisée. Vous dévalorisez votre habilité parentale, vous vous sentez au ralenti même si vous êtes toujours investi dans votre parentalité.

Conclusion : prenez davantage soin de vous en trouvant de nouvelles ressources externes et en stimulant celles que vous avez déjà en vous ; elles sont là, peut-être un peu vacillantes en ce moment mais vous pouvez les rebooster avec l'appui d'autrui. Ne restez pas seul avec vos angoisses et vos questionnements.

♠ 5 symboles et plus : vulnérabilité élevée

Alerte ! Vous semblez présenter une forme d'épuisement généralisé dans votre rôle parental au quotidien. N'éprouvez ni honte ni sentiment de culpabilité. Réveillez cette prise de conscience, qui est déjà tangible puisque vous avez répondu avec sincérité aux questions. Être fatigué, c'est normal, être épuisé par son rôle de parent, non ! Peut-être vous sentez-vous l'ombre de vous-même, comme lourd, vidé et inopérant ou en mode « pilote-automatique-parce-qu'il-le-faut-bien ». Vous avez certainement entrepris le pari du « faire-semblant » pour n'inquiéter personne et pour que votre vécu ait le moins d'impact possible sur votre enfant.

Conclusion : faites-vous accompagner rapidement sans pour autant douter du bien-fondé de votre démarche parentale. Vous pouvez le faire et vous devez le faire sans trop attendre, pour votre qualité de vie parentale et pour le lien si précieux, mais pour l'instant en veille, qui existe entre vous et votre enfant.

3. Conclusion de l'auto-évaluation parentale

Peu importe le nombre de symboles obtenus, je vous invite à prendre soin de vous dans votre quotidien d'adulte, lequel aura des répercussions positives sur votre vie parentale. Et surtout comme le mentionne Boris Cyrulnik[20] :

> Un enfant n'a jamais les parents dont il rêve. Seuls les enfants sans parents ont des parents de rêve.

Plus vous aurez conscience que la parentalité parfaite est impossible à viser, plus vous serez heureux dans votre parentalité au quotidien.

Par ailleurs, cette prise de recul sera une formidable protection contre le burn out parental car malheureusement ce syndrome peut conduire à de nombreuses conséquences sur votre lien avec votre enfant et son développement harmonieux, sur votre vie de couple à la fois conjugale et parentale, et sur votre vie d'adulte de façon globale.

Conséquences possibles du BOP

Votre vie d'adulte

- Troubles du sommeil les plus fréquents = insomnies/réveils nocturnes
- Problèmes de santé plus nombreux ; psychosomatisation
- Perte de l'estime de soi
- Augmentation fréquente de la prise de médicaments ou tabac, alcool, nourriture voire drogues
- Apparition possible d'un trouble dépressif et/ou anxieux
- Troubles relationnels plus importants
- Refuge dans le travail avec surinvestissement

Valérie, 42 ans, maman de deux enfants (4 ans et 8 ans) :
« J'ai trouvé refuge dans mon travail, c'était vital pour moi… ma nounou m'a permis de m'échapper le plus possible même le week-end, ça a bien duré une bonne année, j'ai investi mon travail et délaissé ma famille mais mon mari est toujours là, je ne sais même pas pourquoi ! Je n'ai jamais vraiment reconnu mon mal-être face à ma position de maman… ».

Couple

Couple conjugal

- Augmentation des conflits de plus en plus intenses
- Moins de plaisir à être ensemble : moins de temps passé ensemble et de gestes d'affection devant l'enfant
- Baisse du sentiment amoureux
- Possibilité d'apparition d'infidélités ou de démarches de séduction vis-à-vis d'autrui
- Baisse de la libido sexuelle
- Possibles demandes de séparation, divorce ou pause
- Augmentation des violences verbales pouvant déboucher à de la violence physique ou un comportement inadapté

Assia, 35 ans, maman de trois enfants (2 ans, 5 ans, 7 ans) :
« Je me reproche souvent d'avoir poussé mon compagnon à me tromper, je me souviens lui avoir dit d'aller voir ailleurs puisque le désir d'être ensemble n'était plus là à cause de nos nombreuses disputes sur l'éducation, de ma fatigue, du manque de temps et d'activités ensemble… pour une fois, il m'a écoutée ! Nous sommes séparés depuis six mois et lui semble heureux d'avoir les enfants en garde alternée. Il me dit souvent : "Je me sens enfin le papa que je souhaite être et un homme heureux !" ».

Couple parental

- Augmentation des négligences de soins envers l'enfant sur la base des besoins primaires et secondaires
- Présence de violences verbales plus ou moins intenses et régulières sans prise de conscience de leur importance au quotidien
- Désaccords éducatifs nombreux et perte de la cohérence éducative
- Apparition possible de maltraitances infantiles sur le long terme
- Plus de coéducation

Serge et Alma, parents de Gustave 4 ans, évoquent en séance de guidance parentale :
« Nous nous sommes perdus dans nos idéaux éducatifs et nos désirs individuels de transmettre, car nous ne nous sommes pas assez concertés. L'un faisait ainsi et l'autre le contraire, provoquant des pleurs, des cris, des gestes d'énervement, même devant Gustave. On avait aussi des gestes de rejet envers lui quand il nous disait : "Mais maman fait comme ça et papa dit comme ça". Nous ne prenions plus en compte les besoins émotionnels de notre petit ».

Enfant

• Se sent rejeté, abandonné, moins aimé et aussi responsable • Apparition envisageable de troubles du comportement pour faire réagir le parent avec des possibles mises en danger • Souvent malade pour attirer l'attention du parent et avoir des soins de première nécessité • Trouble dépressif et/ou anxieux en réaction à la situation • Troubles relationnels avec les membres de sa famille, sa fratrie, les autres enfants/adultes de son environnement • Troubles de la scolarité (perte d'envie et de motivation/ concentration/attention/plaisir d'apprendre) • Parentification (devenir le parent de son propre parent dans les attitudes du quotidien = inversion des rôles de chacun)	**Catherine, maman de Charlize, 7 ans, me confie en pleurant :** « C'est grâce à ma fille que je suis devant vous... et à cause de l'angoisse que j'ai pu provoquer chez elle. Elle a 7 ans et a été capable de me montrer que je n'allais pas bien et qu'elle avait peur pour notre famille. Elle me disait souvent que je ressemblais à un fantôme très fatigué, que j'étais maladroite, que j'oubliais toujours son goûter et surtout –l'électrochoc – que j'étais, dans ses cauchemars, toujours en train de mourir. Ma fille me répétait qu'elle avait peur que je meure, elle voulait rester avec moi, elle insistait pour me coiffer, me donner à manger, me tenir la main ».

Figure 3. Conséquences possibles du BOP.

Après la lecture de l'ensemble des conséquences possibles du BOP sur vous, votre famille et votre enfant, ne soyez pas davantage angoissé. Prenez conscience de votre situation et ne paniquez pas, cher(s) parent(s), car il existe de nombreux remparts pour tenter de prévenir un possible BOP ou de tenter d'en sortir avec succès. Il suffit de prendre en compte l'ensemble des préconisations à venir, de les moduler selon votre ressenti et de les appliquer dans votre quotidien parental.

Idées à retenir

1. L'auto-évaluation personnelle proposée dans ce chapitre n'a pas valeur de diagnostic mais peut toutefois vous permettre de mieux vous situer dans votre vécu parental.
2. En la menant, soyez le plus sincère et n'ayez aucun jugement sur vous. Restez indulgent envers vous si vous prenez conscience de ressentis négatifs.
3. Cette auto-évaluation vous permettra de prendre du recul et d'éventuellement comprendre que vous avez besoin que des éléments dans votre parentalité changent et/ou que vous avez besoin de soutien de votre entourage et/ou de professionnels.

Chapitre 6

Quelques préconisations pour prendre soin de vous

Cher(s) parent(s), si vous ressentez « du moins », voire « du plus que moins » dans votre parentalité, vous n'avez pas d'autres choix que le changement !

> La vie est un processus continuel d'ajustements et de réajustements[21].

Voici 15 conseils à appliquer sans modération !

À vous de faire le point sur ce qui vous semble le plus pertinent d'appliquer selon votre ressenti de parent et en fonction de l'auto-évaluation réalisée. À vous aussi de personnaliser au maximum ces précieux conseils. Plus vous allez les adapter à votre manière d'être, plus vous serez en adéquation avec leur application dans votre vie de parent. Soyez convaincu que vous pouvez toujours améliorer votre quotidien parental, car à part sur les réseaux virtuels, les parents parfaits n'existent pas !

Conseil 1

La notion de coéducation élargie : implication de l'ensemble des adultes de référence de son enfant

Cher(s) parent(s), vous n'êtes pas le seul adulte autour de votre enfant, et vous le constatez évidemment, à de nombreuses occasions. La coéducation et la coveillance sont des ressorts importants de soutien à la parentalité. Ce partenariat implicite d'adultes autour de l'enfant est primordial.

L'éducation d'un enfant ne peut être le fait d'une seule personne ou d'une seule institution, mais bien d'un ensemble social qui se constitue dans son environnement de vie. Votre enfant grandit avec vous mais aussi avec d'autres adultes, enfants, des professionnels de l'enfance et selon un cercle qui s'élargit au fur et à mesure qu'il grandit : l'assistante maternelle, la crèche, l'école, le centre de loisirs, les activités extra/périscolaires, les loisirs, le corps médical, paramédical... Vous n'êtes donc pas le seul accompagnant dans son quotidien, même si bien sûr, vous êtes sa référence-clé et vous le resterez tout au long de sa vie ! Pas de crainte sur ce point-là... Vous allez cependant devoir accepter que votre enfant puisse avoir le désir de développer des liens sociaux qualitatifs avec d'autres membres de son entourage. Surtout, prenez bien conscience que vos proches sont un soutien pour vivre le plus harmonieusement possible votre parentalité.

Vous pouvez « bénéficier » de cet environnement social pour vous sentir épaulé au quotidien dans l'éducation de votre enfant ; et ceci sans peurs, ni honte d'ailleurs, car il fait partie intégrante de la réalisation de l'ensemble des besoins de votre enfant pour qu'il puisse bien grandir.

Cet environnement multiple est nécessaire à votre enfant, il ne peut ni ne veut avoir comme unique référence vous et encore vous ! Très souvent, il est aussi demandeur de vivre des expériences sociales avec d'autres personnes de référence : adultes, enfants, et au sein de sa fratrie si elle existe. Évidemment, vous l'encouragez à aller vers autrui, à créer du lien avec les membres de sa famille, à s'ouvrir vers l'extérieur, alors pourquoi pas le faire quand vous aussi vous en ressentez le besoin ?

N'oubliez pas cher(s) parent(s) que les autres vont nourrir votre enfant dans son développement social. Le développement social correspond à la capacité d'avoir des relations harmonieuses, de communiquer et de comprendre l'autre, de savoir exprimer ses émotions et de résoudre les conflits.

Il existe une diversité de possibles pour vous soutenir et vous accompagner dans votre parentalité : un enseignant qui conseille le temps des devoirs à la maison, des grands-parents désireux de passer le week-end avec votre enfant, le parent du super copain de votre enfant qui peut être une oreille confidente, un pédiatre écoutant vos angoisses, une tata désireuse de transmettre sa passion de la danse, le coach de sport qui peut aussi vous aider à mieux comprendre le comportement de votre enfant à un moment donné, une nounou disponible sans vous faire culpabiliser, etc.

En acceptant tous ces acteurs possibles, vous pourrez vivre une alliance collective éducative bienveillante et soutenante.

Cher(s) parent(s), vous conservez bien évidemment un rôle majeur et une place prédominante dans les choix éducatifs qui concernent votre enfant. C'est vous le premier acteur, non substituable, de la vie et de l'éducation de votre enfant.

Focus sur les grands-parents et les oncles/tantes pour vous aider dans le système de coéducation

Les membres de la famille ont chacun des rôles aussi précieux et indispensables que les vôtres, prenez-en pleinement conscience, pour vous et votre enfant. Ils sont une source inépuisable d'affection et d'attention. Souvent, leurs relations sont axées sur le plaisir, le jeu, le partage, l'affectivité et les transmissions diverses.

Ils sont donc aussi des piliers de la sécurité affective de votre enfant et une aide pour un développement harmonieux. Ils sont des repères importants pour votre enfant car il va comprendre que plusieurs adultes autour de lui l'aiment et le lui montrent dans son quotidien.

Vous concernant, il semble plus facile de demander de l'aide et/ou du soutien aux membres de votre famille (tout dépend évidemment de vos liens). Ils peuvent vous rendre des services divers et ponctuels dans votre quotidien de parent, ce qui vous permet de concilier plusieurs de vos responsabilités et d'éprouver moins de stress. Ils ne vont pas vous remplacer, mais prendre une place légitime auprès de votre enfant pour qu'il soit mieux ancré dans votre système familial. Il lui est essentiel de se sentir appartenir à sa famille.

Rose, maman d'Edgar (4 ans) : *« Nos familles respectives (à mon mari et à moi) habitent à plus de 500 km, donc la seule aide que nous avons est notre nounou qui le récupère à l'école et qui le prend en charge dans certaines circonstances. J'envie beaucoup mes collègues qui me disent : "moi je ne stresse pas ma mère s'en occupe" ou "ma sœur prend mon enfant après l'école", "le week-end, il est chez papi et mamie". J'ai souvent culpabilisé de ne pas m'en occuper plus et de devoir payer quelqu'un pour le faire, j'y pense encore souvent aujourd'hui ».*

Le parrain et/ou la marraine (désignation religieuse ou républicaine) : un atout pas seulement symbolique

Ce n'est pas une obligation, toutefois, cette personne peut représenter un soutien pour vous, car elle est un autre adulte de référence et une autre figure d'attachement pour votre enfant. Cher(s) parent(s), cela peut aussi vous sécuriser en cas de problème, ou pire, de décès, de savoir qu'un adulte que vous aurez choisi et en qui vous avez pleine confiance pourra prendre soin de votre enfant (devenant un possible tuteur légal). Il peut s'agir d'une personne de votre famille ou encore d'un ami proche. On recommande qu'elle ne soit pas trop éloignée géographiquement de vous, afin que son contact et sa présence auprès de l'enfant soient facilités.

Le parrain et/ou la marraine peuvent aussi transmettre des valeurs importantes, passer du temps avec votre enfant, prendre soin de lui et lui faire comprendre qu'il peut compter sur quelqu'un. Ils vont créer ensemble une relation unique. Ils pourront vivre des temps privilégiés et des rituels marquant leurs attachements réciproques. C'est souvent un lien de complicité avec leurs secrets, leurs échanges, leurs rituels, leurs activités spéciales. Ces personnes représentent pour l'enfant un adulte de confiance, un soutien à toute épreuve, un confident et un conseiller armé d'une grande dose d'amour ; ils ont parfois « presque les mêmes rôles que papa et maman ».

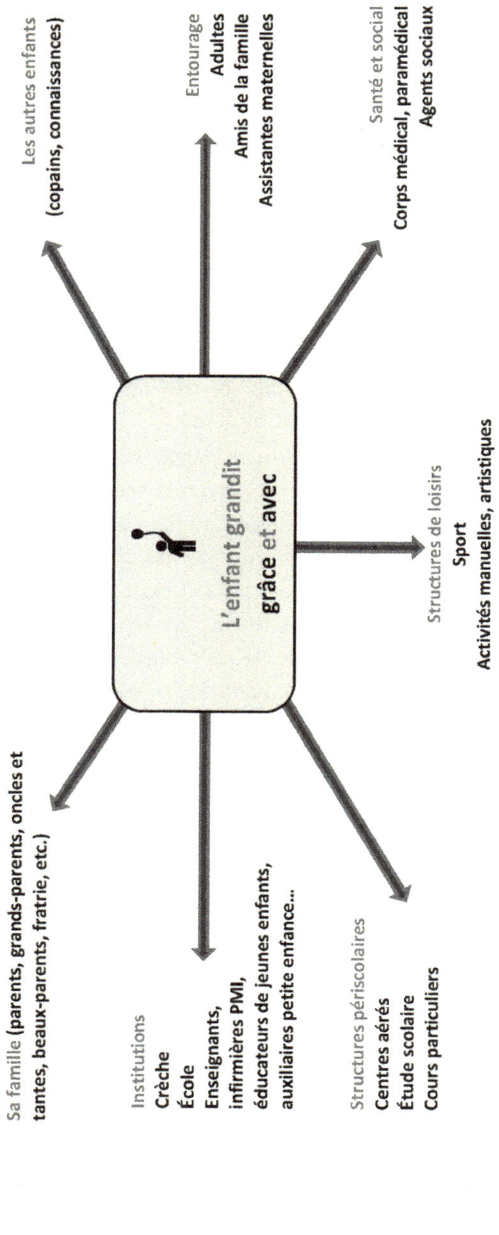

Figure 4. La coéducation.

Conseil 2

Relativiser sur son image de parent : ses exigences, ses peurs, ses doutes, ses idéaux

Acceptez d'être un parent imparfait mais épanoui la plupart du temps. Restez objectif et méditez sur cette citation attribuée à Haim Ginott :

Ne soyez pas un parent, soyez un humain qui est un parent[22].

Roberta, 40 ans, maman d'Aurélia (2 ans) :
« J'ai tellement désiré avoir ma fille que je me dois d'être parfaite, ce qui signifie pour moi de tout lui donner. J'ai optimisé tout mon agenda en fonction d'elle, et je ne peux pas faire autrement. Je suis disponible le plus possible, je lui donne tout car je veux le meilleur pour elle, même si je dois me sacrifier au quotidien. Je m'angoisse sur tout, je me remets en question, je stresse sur le moindre bobo, constamment je n'ai qu'elle dans ma tête car je ne veux pas faire la moindre erreur ».

C'est un conseil des plus précieux : faites le point sur votre parentalité, avec objectivité et sans vous mentir. Vous pouvez même le faire, pour plus de transparence, avec votre partenaire éducatif. Oui, cette introspection est complexe mais tellement nécessaire et précieuse à long terme car votre vie de parent est un vaste chemin à construire. Faire le point sur vos attentes, vos désirs et vos projections, vous permettra de relativiser sur votre vrai pouvoir parental, et surtout de bien comprendre ce que vous projetez sur votre enfant aussi. Je conseille souvent à de nombreux parents de tenir un carnet de votre parentalité, un outil ludique à utiliser sans pression ni exigence d'écriture quotidienne. Ce carnet vous permettra de prendre de la distance avec les évènements de votre vie et d'en rire parfois, ou d'en pleurer sans avoir honte. Vous pourrez par la suite décider de le partager ou pas...

Prenez du recul sur cet idéal à atteindre. Examinez ce qui vous paraît réalisable concrètement et abandonnez ce qui est impossible ! Très souvent faire le point sur sa propre histoire et son rapport à ses parents peut être très aidant. Donc osez replonger dans votre enfance et pourquoi pas en parler avec vos parents et votre fratrie !

Refusez aussi toute remarque inappropriée sur votre parentalité et les soi-disant « bons conseils » de votre entourage si vous ne les sentez pas adaptés à votre vécu. Ce qui s'applique au fils de votre amie ou à la fille de votre frère, peut ne pas s'appliquer à votre enfant en fonction de ce que vous êtes et de ce qu'il est. Et il faut parfois oser le dire haut et fort ! La plupart du temps, vos proches pensent être bienveillants ; mais parfois, leurs avis peuvent être influencés par leurs propres projections éducatives, leurs conseils peuvent être revendiqués sans pour autant qu'ils les parviennent à les appliquer eux-mêmes, et ils peuvent avoir tendance à asséner, plus ou moins consciemment, des jugements qui mettent à mal votre estime. Parfois, ils éprouvent même de la satisfaction à entendre que vous aussi vous galérez !

L'épanouissement parental naît la plupart du temps de la reconnaissance de vos zones de force et de vulnérabilité. Cette ambivalence peut vous aider à agir de manière complémentaire : « Je peux, je sais, j'ai conscience et peut donner » *versus* « Je délègue, je profite, je relativise ».

Autre point à garder en tête : vous n'avez pas besoin d'être parfait dans les yeux des autres ni dans les vôtres. Vous ne le saurez d'ailleurs jamais, il faut l'accepter car chercher à atteindre des idéaux formatés est impossible dans la réalité ! Vous devez simplement être « suffisamment bon », pour reprendre la formule célèbre de Donald Winnicott, pédiatre du XXe siècle. Cela signifie : ni parfait, ni idéal, ni « supra-méga » disponible. Ce qui implique que vous avez le droit à l'erreur, à l'expérimentation et aux tâtonnements dans votre parentalité et dans votre relation avec votre enfant. Vous ferez de votre mieux avec votre personnalité et votre vécu, ce qui ne vous empêchera pas d'aimer votre enfant et de vous remettre de temps en temps en question sur votre posture parentale. Vous devrez donc vous adapter au fur et à mesure des stades de développement de votre enfant.

Votre enfant a aussi besoin de vous voir vous tromper, faire des erreurs. Il a besoin de comprendre que vous pouvez rencontrer certaines difficultés et de partager avec vous vos stratégies et vos solutions pour en sortir. Vos imperfections vont le rassurer, et il s'autorisera lui aussi à admettre les siennes, sans honte ni gêne. Oui le rassurer. J'insiste sur ce point car vous construire sur un modèle de perfection est un challenge, un stress, une pression quotidienne ! Il pourra mieux gérer ses vulnérabilités en grandissant, saura les accepter et aura éventuellement envie de les dépasser. Vous lui montrez ainsi ce qu'est un humain, quels sont ses valeurs, ses désirs et ses imperfections. Et tout cela sans pour autant passer pour un être faible et imparfait !

Les marques d'affection et le regard rempli d'amour de votre enfant : voilà quelle est la plus juste expertise de votre parentalité !

Et voici un dernier point essentiel, cher(s) parent(s), ne confondez plus bonheur parental et exigences parentales ! Vous ne pouvez pas placer sur la même ligne le bonheur et la réussite ! Mettre à égalité désir et besoins ne fonctionne pas du tout. Vos exigences vous éloignent la plupart du temps de votre bonheur parental car malheureusement, souvent, ces exigences sont inatteignables à la fois pour vous, votre partenaire de vie et votre enfant !

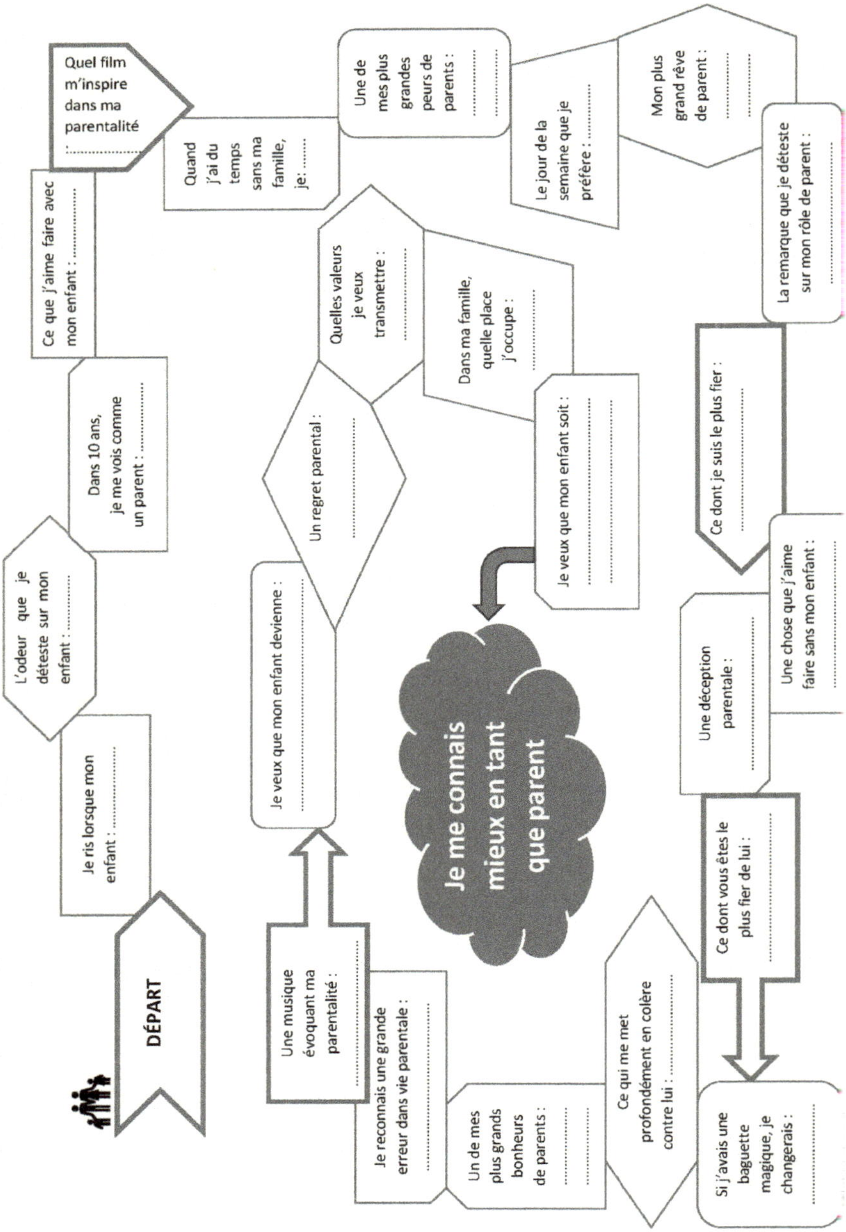

Figure 5. Je me connais mieux en tant que parent.

Conseil 3

Identifier son style parental : reconnaître ses forces et ses vulnérabilités dans son rôle parental

Germain, papa de Constant (6 ans) et Annabelle (9 ans) :
« Trop souvent, je me pose des questions sur le style de papa que je suis. Dès qu'une personne me fait une remarque, je me remets en question : suis-je trop laxiste, trop autoritaire, assez aimant, assez investi auprès de mes enfants ou trop à l'écoute ? c'est un vrai casse-tête chinois pour moi de savoir précisément si je suis un bon papa ».

Vous avez tous votre style parental bien à vous, que vous allez découvrir, modifier et adapter au fur et à mesure du développement de votre enfant. Néanmoins, vous avez tendance à ne pas toujours en avoir conscience ou à mal savoir le définir ou le comprendre. Il est important d'en prendre conscience si vous souhaitez changer, améliorer votre rapport à votre parentalité, et par conséquent à votre enfant et à votre partenaire éducatif.

Mais qu'est-ce que le style parental? Voici la définition qu'en propose Wikipédia:

> Le style parental est un concept de la psychologie qui désigne les conduites ou groupes de conduites que les parents utilisent pour élever leur enfant et qui influencent les résultats de l'enfant[23].

Dans le domaine de la recherche en psychologie, une psychologue clinicienne américaine Diana Baumrind a défini, dans le courant des années 1970, quatre styles parentaux pour désigner les types d'interaction entre parent et enfant. Je souligne que deux critères sont mis en avant pour définir le style parental :

- le niveau d'attention et d'affection que le parent offre à l'enfant ;
- le niveau d'encadrement de l'enfant et d'exigence du parent envers lui.

Ces critères vous permettront d'identifier le style parental que vous pouvez mettre en place, et ce de façon plus ou moins inconsciente d'ailleurs. Je tiens à bien souligner ce point !

Le style parental démocratique : désigne un parent qui est à l'écoute des émotions et des besoins de l'enfant tout en étant capable de poser un cadre, des règles et des limites à l'enfant.

Ce style parental est un mélange entre le style autoritaire et le style permissif. On le considère comme un juste milieu et donc un idéal à atteindre dans la parentalité.

À l'affût des interrogations que l'enfant pourrait se poser, les parents l'encouragent dans ses découvertes, le laissent réfléchir à ses comportements et le félicitent en le valorisant souvent. Les parents sont à l'écoute tout en posant des règles simples, claires, constantes, et ce dans un cadre sécurisant, tout en acceptant d'échanger avec l'enfant et de prendre en compte ses émotions. Les parents ont des attentes adaptées à l'âge et à la personnalité de leur enfant.

Dans l'imagerie populaire, ce style parental est associé aux animaux suivants : gorille, phoque, éléphant.

Le style parental désengagé : désigne un parent qui ne parvient pas à être à l'écoute de l'enfant, ni à poser un cadre sécurisant avec des règles établies et à suivre.

Ce style parental est marqué par un manque quasi-total d'implication auprès de son enfant. Il se caractérise souvent par une absence physique, un manque d'implication émotionnelle (peu d'affection, peu d'attention) dans la vie quotidienne de l'enfant, qui est peu ou pas encadré. Les parents ne participent pas ou très peu à la vie éducative de leur enfant, ce sont souvent des adultes tiers qui s'en emparent, comme des grands-parents ou une nounou.

Dans l'imagerie populaire, ce style parental est associé aux animaux suivants : caméléon, paon, panda.

Le style parental autoritaire : désigne un parent identifié comme étant peu à l'écoute des besoins de l'enfant, mais extrêmement strict quant au respect des règles et de son autorité.

Ce sont des parents qui ne conçoivent leur fonction parentale que dans une dynamique autoritaire, sans aucune marge de manœuvre pour l'enfant. Toute demande est un ordre à exécuter sans mot dire, qui se résume à : « Fais-le, point barre ». Si l'enfant exprime une rébellion, même de façon minime (un regard, un geste ou un mot), les sanctions sont immédiates et souvent inadaptées à la situation ; par ailleurs, le parent ne fournit très souvent aucune explication.

Ce sont des parents qui vont avoir de fortes et nombreuses exigences envers leur enfant, lesquelles seront, la plupart du temps, inadaptées, donc déçues.

Le style parental permissif : désigne un parent très à l'écoute des besoins de l'enfant, mais vraiment peu strict, voire très laxiste.

Ce sont des parents qui font preuve d'une indulgence à toute épreuve et qui refusent de rentrer en confrontation avec leur enfant. « Phobiques » du conflit, ils s'opposent à l'exercice de l'autorité. Ils peuvent aussi, quelques fois, craindre de ne pas être aimés ou d'être rejetés par leur enfant en cas de désaccord. Ils le laissent prendre conscience de ses erreurs et se débrouiller seul. Ils lui permettent de s'exprimer et acceptent de mettre en place des compromis. Ils s'impliquent fortement auprès de leur enfant et sont à l'écoute des émotions de celui-ci d'une façon pérenne.

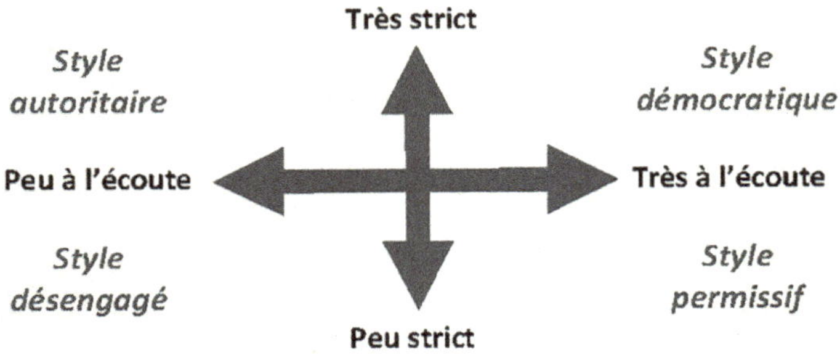

Figure 6. Le niveau d'encadrement.

Alors cher(s) parent(s), après cet éclairage sur les styles parentaux, lequel pourrait être le vôtre au quotidien ?

Vous l'aurez compris, le style parental auquel il faut tendre est le style démocratique. Évidemment, vous vivrez des moments ou des périodes où vous appliquerez un autre style parental ; mais le vrai challenge, c'est de réussir à se faire confiance et de privilégier les besoins et les désirs de votre enfant à vous, pas de celui que vous voulez à tout prix formater. Cessons aussi les comparaisons avec les autres parents et les autres enfants. Suivez vos intuitions et prenez du recul. Acceptez vos erreurs et verbalisez-les avec votre enfant.

Votre objectif est de vivre le plus sereinement votre rôle de parent en vous adaptant au mieux à l'enfant que vous avez en face de vous. Vous pouvez avoir des désaccords « de style » avec votre partenaire éducatif, mais faites en sorte de trouver des compromis pour que votre enfant ne ressente pas ces dissensions.

Car n'oubliez jamais : votre objectif de bien-être pour votre enfant vous rassemble, vous et votre partenaire !

Conseil 4

Accepter l'enfant réel en face de soi : « stop à l'enfant idéalisé » et « stop au parent parfait »

Comme le disait si justement Bruno Bettelheim[24] :

> Les parents ne doivent pas s'adonner à créer l'enfant qu'ils voudraient avoir mais, au contraire, l'aider à devenir ce qu'il est en puissance, à épanouir ses potentialités.

1. La construction de « l'enfant imaginaire »

Il est normal de se créer « un enfant imaginaire » lorsqu'on désire être parent, désir que l'on retrouve autant chez la femme que chez l'homme. C'est l'enfant que vous imaginez avec son genre, son prénom, la couleur de ses yeux, la nature de sa chevelure, les traits de sa personnalité, son état de santé : tout ce qui va au-delà de son statut de nouveau-né. Il est dans votre tête, vous le voyez dans vos rêves, dans vos temps de rêverie au travail, lorsque vous flânez dans les rayons « enfants » de certains magasins, lors d'une naissance dans votre entourage voire depuis que vous êtes enfant.

Il est légitime de l'imaginer et de l'idéaliser : cela est le signe d'un premier investissement dans son projet de parentalité. Vous y mettez vos attentes, vos désirs, vos espoirs sur ce petit être à venir, et parfois aussi vos angoisses. Vous cherchez quelques fois une mini-version de vous, une version sublimée, ou qui soit en lien avec les autres membres de votre famille, par besoin de s'inscrire dans la lignée familiale. En l'imaginant, vous vous imaginez aussi en tant que parent. Vous idéalisez cet enfant à venir en même temps que naît votre désir d'enfant. Vous éprouvez aussi une forme de nostalgie de votre propre enfance ou encore de celle que vous auriez aimé avoir. Et tous ces ressentis, ces projections, vont forcément influencer votre future parentalité. C'est un point très positif, néanmoins il va falloir poser une limite quand l'enfant arrive.

2. L'acceptation de « l'enfant réel »

Lorsque l'enfant naît, un principe de réalité s'opère, lequel va créer en vous un sentiment ambivalent puisque cet enfant réel ne ressemble pas « point par point » à votre enfant imaginaire. Parce qu'il est issu de deux êtres humains différents, vous ne pouvez évidemment pas maîtriser l'ensemble des paramètres de sa création. Vous pouvez ressentir une forme de déception plus ou moins courte et plus ou moins intense, généralement peu verbalisée malheureusement. Il s'agit du deuil de l'enfant imaginaire (processus plus ou moins conscient et nécessaire) qui vous permet d'investir pleinement l'accueil de votre enfant réel et de vous attacher à lui affectivement. Il est à noter que votre partenaire peut vivre différemment de vous ce deuil et cette acceptation.

Mais pas de culpabilité qui tienne, tous les parents du monde vivent cette étape de deuil... Certes, ils ne le partagent pas toujours mais je vous assure que 99 % des parents éprouvent ces émotions. Il est donc important de prendre conscience que votre enfant va forcément vous décevoir tout au long de son développement car il n'est pas là uniquement pour vous faire plaisir mais surtout pour développer ses compétences et ses traits de personnalité. Il ne sera jamais votre double ou une meilleure version de vous-même.

Cette étape est difficile mais fondamentale pour accepter que l'enfant qui est en face de vous et qui vous aime au quotidien, ne correspondra pas en totalité voire pas du tout à vos désirs ni à vos projections, à ce que vous êtes. Et ce n'est pas si grave ! Cet enfant n'est pas votre double mais seulement une partie de vous. Il n'est pas non plus une petite poupée docile. Ce travail vous évitera bien des déceptions, des mouvements passifs/agressifs.

des émotions négatives ou, en tout cas, les réduira considérablement. Comme l'écrivait si justement le poète libanais Khalil Gibran[25] :

> Vos enfants : vous pouvez vous efforcer d'être comme eux, mais ne tentez pas de les faire comme vous.

Sophia, maman de Cassandre (4 ans) :

« Avant de devenir maman pour de vrai, j'ai souvent imaginé mon enfant comme ceci ou comme cela. Je le voyais beau, intelligent, curieux, avec de l'assurance, aimant les mêmes choses que moi, avec un bon caractère, en somme, un vrai double de moi-même. Cassandre est timide, réservée, calme et ne me ressemble pas du tout physiquement. Il a été difficile en séance pour moi d'avouer une forme de déception par rapport à cette petite fille que j'avais et qui ne ressemblait pas entièrement à mon désir. J'ai pris conscience que je tentais de la transformer pour me sentir plus à l'aise avec elle ».

Conseil 5

Faire confiance au développement de son enfant ! Et à ses capacités progressives d'autonomie !

Lui faire confiance vous déchargera de quelques missions du quotidien, tout en l'impliquant de façon ludique et responsable. Votre enfant est naturellement dans l'expérimentation, l'envie de découverte, le besoin d'aimer et de recevoir. Il ressent très vite la confiance que vous lui portez et vous connaissez mieux que quiconque sa personnalité en construction, l'environnement dans lequel il évolue, ses besoins, ses désirs et l'ensemble de ses réactions.

Oriane, maman de Gaëlle (4 ans) :
« J'ai pris conscience que ma fille pouvait faire plein de choses toute seule il y a peu de temps, surtout quand les autres adultes ont pu me le dire ! J'avais tendance à tout faire, ce qui pouvait aussi me demander beaucoup d'énergie et susciter parfois de l'agacement, de l'énervement contre elle, drôle de paradoxe ! ».

Mais c'est quoi la confiance cher(s) parent(s)? Et comment votre enfant va-t-il la percevoir? Tout simplement dans vos yeux, votre attitude, dans la liberté que vous lui accordez d'expérimenter et de découvrir le monde, dans votre lâcher-prise au quotidien. C'est votre capacité à lui montrer qu'il est capable de réaliser mille et une expériences avec réussite, d'accepter aussi qu'il vive quelques échecs et de lui prouver que vous croyez en lui coûte que coûte. Si vous perdez d'un côté en surveillance, vous gagnez aussi, d'un autre côté, en autonomie. Cela implique que vous lui communiquiez cette envie de se responsabiliser, tout en restant proche de lui pour le rassurer sur son besoin de soutien. Quel soulagement pour vous ! Et il se sentira en confiance pour grandir et non écrasé par vous.

Le faire gagner en autonomie, selon son âge, vous permettra de l'aider à grandir sereinement ; et vous gagnerez aussi confiance en vous. Ne lui faites pas sentir qu'il a tout le temps besoin de vous, qu'il n'est pas capable de faire seul même des tâches simples.

Souvent, le parent a tendance à agir à la place de l'enfant, et à agir trop vite ; si l'enfant commet une erreur, le parent répare pour lui, ce qui génère petit à petit des ressentis négatifs vis-à-vis de lui et progressivement une forme d'épuisement. De plus, votre enfant ressentira aussi cette négativité, et cela risque d'avoir un impact sur son comportement.

Vous pouvez lui donner des missions concrètes et quotidiennes selon son âge. L'enfant est souvent d'accord si les choses lui sont présentées de façon ludique, sympathique, valorisante. Il aime généralement se sentir plus autonome, plus grand, plus responsable en aidant ses parents.

Voici quelques exemples que vous pouvez noter dans un tableau de vie de famille pour l'impliquer dans des rituels ou pour lui donner part à certaines missions :

- vous pouvez l'impliquer dans les tâches de la vie quotidienne : rangement, ménage (et pas uniquement dans sa chambre) ;
- vous pouvez lui donner des missions en lien avec les animaux domestiques : sorties, nourriture, hygiène ;
- vous pouvez lui demander de faire la cuisine avec vous en lui donnant certaines tâches à accomplir ;
- vous pouvez l'impliquer au sein de la fratrie en lui demandant d'aider son frère ou de sa sœur ;
- concernant les courses, vous pouvez aussi lui donner une liste écrite (en toutes lettres ou avec des symboles) avec un sac à remplir ;

- vous pouvez lui donner des missions simples pour alléger vos tâches ménagères : déposer son linge sale dans le panier, rincer le lavabo après avoir lavé ses dents, passer un coup de lingette sur la cuvette des WC, etc.

Vous pouvez aussi lui demander ce qu'il souhaite faire ou se sent capable de faire pour le bon déroulé du fonctionnement familial. Plus votre enfant se sentira inclus dans cette dynamique familiale, plus il voudra participer facilement.

N'hésitez plus à lui proposer quelques missions du quotidien à faire seul et/ou avec vous pour vivre certaines tâches de manière plus agréable. Tout le monde sera gagnant et votre enfant acquerra de l'autonomie !

Conseil 6

Oser poser un cadre ferme et bienveillant en relativisant sur les fameux principes de l'éducation positive

Amir, papa de Issam (5 ans) :

« Ma femme et moi, nous avons toujours partagé les mêmes principes éducatifs auprès de notre fils. Nous voulons être à son écoute tout en lui apprenant le vivre ensemble au quotidien. Sauf que dans le concret, c'est difficile à faire tous les jours ! Je m'en suis voulu plusieurs fois ne pas réussir à poser un cadre sans crier et sans chantage alors que je suis pour l'éducation positive à 1 000 %. Ma femme m'aide à relativiser car c'est pareil pour elle, mais moi je le vis comme un échec à chaque fois ».

Oui cher(s) parent(s), vous souhaitez être le meilleur possible et vous avez beaucoup entendu parler de l'éducation bienveillante. Vous avez peut-être même lu un ouvrage, regardé une émission, écouté un podcast sur ce sujet. Évidemment, je ne peux pas vous dire que l'éducation bienveillante n'est pas une démarche d'éducative positive, toutefois, elle reste souvent un idéal dans le quotidien des parents. Elle **prône l'ensemble de principes éducatifs, psychologiques et émotionnels à mettre en place** auprès de votre enfant pour qu'il grandisse harmonieusement.

Revenons ensemble sur une définition globale de ce concept éducatif. L'éducation bienveillante renvoie à une attitude basée sur l'empathie et le respect total de l'enfant : ce qui signifie une opposition nette à toute forme de violence à son égard. Vous me direz : quel parent ne partage pas ce point de vue éducatif? Mais dans le vécu quotidien? Ce n'est pas le fait d'y adhérer théoriquement qui bloque, c'est simplement que le parent, qui n'a ni repos, ni pause, n'arrive tout simplement pas toujours à mettre en œuvre ce principe.

L'éducation bienveillante affirme que l'enfant est un être à part entière et doit donc être considéré comme tel par ses adultes de référence.

En tant qu'être humain comme les autres, même si petit, il doit avoir le droit de ressentir, d'exprimer des émotions dans n'importe quels contextes. Et il est indispensable de répondre à l'ensemble de ses besoins comme pour n'importe quel individu. Plusieurs éléments sont donc importants dans l'éducation bienveillante comme :

- vos interactions avec l'enfant vont produire un certain type de relation d'attachement, et donc créer une sécurité intérieure affective suffisante pour que son bon développement se mette en place. Ce qui aura comme premier impact sa capacité à entrer en lien avec autrui ;
- la communication non violente se base sur vos capacités d'empathie et donc d'écoute. Le parent doit pouvoir ne pas juger son enfant, comprendre ses émotions, les nommer et tenter de trouver des solutions pour l'aider à trouver l'apaisement. Ainsi par la suite, l'enfant sera capable de mieux vivre ses ressentis et de mettre en place des comportements adaptés ;
- la nécessité de mettre en œuvre une bienveillance à toute épreuve pour accompagner votre enfant à bien grandir. Ce qui signifie : avoir une pleine confiance en lui et en ses habilités ; laisser l'enfant face à la découverte et l'expérimentation de son corps, de ses émotions, de sa motricité sans être une barrière de protection trop importante, moralisante ou encore dominante (due à la volonté de transmettre à tout prix). L'enfant est un être de compétences en sommeil, que vous devez soutenir dans ses expériences, apprentissages et découvertes. C'est grâce à

vous et cette relation de confiance valorisante qu'il pourra développer l'ensemble de ses traits de personnalité avec ses forces et ses vulnérabilités. Il faut donc vous focaliser sur les recherches de solution et la valorisation des comportements positifs de votre enfant.

Vous comprenez aisément que le modèle éducatif traditionnel est très éloigné de celui de l'éducation bienveillante car dans l'éducation bienveillante, il n'existe pas de relation entre dominant et soumis.

L'éducation bienveillante prône la relation d'égalité et le respect, l'écoute des besoins des enfants et des adultes; d'où l'importance de la notion de coopération et de relation de confiance entre vous et votre enfant. C'est donc la fin des punitions. Vous devez être dans la recherche d'un consensus et de solutions compréhensives pour parvenir à aider votre enfant face à certaines situations. L'éducation bienveillante vise le plaisir à éduquer pour le parent et le plaisir relationnel pour l'enfant envers ses adultes de référence.

Toutefois, je rencontre beaucoup de parents oscillant entre frustration et culpabilité, à cause du fait qu'ils ne parviennent pas à mettre en place ces principes éducatifs dans leur quotidien. Pourquoi finalement adopter cette éducation positive qui peut être si complexe à mettre en œuvre avec son enfant?

Il peut y avoir plusieurs réponses possibles, et voici quelques retours de certains des parents en consultation: « Comment ne pas dire à mon enfant qu'il a été méchant avec sa sœur sans qu'il se sente dévalorisé? Alors que c'est la vérité sur le moment? »; « À l'école, on me rabâche que mon fils est turbulent, comme s'il n'avait que cette étiquette, comment je peux lutter contre ça? Même si à la maison, je tente de ne pas le désigner ainsi ». En clair, il est recommandé de:

- **distinguer l'enfant de ses actes** (pour ne plus poser d'étiquette sur lui trop facilement): une bêtise ne veut pas dire que votre enfant est méchant ou capricieux!;

- **fixer les règles à l'avance et en collaboration** (pour ne plus avoir à se répéter) : attention la répétition est obligatoire car l'intégration des règles est progressive dans le cerveau de votre enfant ;
- **utiliser les formulations positives** pour dire ce que vous attendez (et non ce qu'il ne faut pas faire) : exercice difficile concrètement car la tendance humaine est d'utiliser la négation face aux comportements attendus ;
- **reconnaître les émotions de l'enfant** (au lieu de les nier) : savoir les identifier et les comprendre pour avoir un échange serein et une communication bienveillante ;
- **ne pas voir d'intention où il n'y en a pas** (au lieu de penser que votre enfant « vous cherche » ou « fait un caprice ») : attention aux projections d'adultes ! ;
- **être souple en maintenant le cadre pour faciliter l'autonomie et la confiance en soi** (au lieu de donner des ordres) : motiver et encourager pour obtenir les comportements attendus !

C'est quoi l'éducation bienveillante ou positive ?
Le savez-vous vraiment ?

Les cinq grands principes de l'éducation positive nommée aussi « bienveillante » ou « parentalité positive »

1. Le respect en continu des besoins de votre enfant : la base

Prendre en compte l'ensemble des besoins physiques et psychologiques de l'enfant tout au long de son développement :

- **besoins physiques** : manger, boire, dormir, bouger, explorer.
- **besoins psychologiques** : sécurité affective, estime de soi, valorisation, construction de sa personnalité.

Le résultat : un équilibre et une harmonie dans le développement global de votre enfant.

2. **Être dans une écoute constante des émotions de votre enfant et des vôtres**

- Être capable, le plus souvent possible, d'être dans la compréhension, la reconnaissance et la mise en confiance du ressenti émotionnel de votre enfant.
- Favoriser l'empathie en toutes circonstances et l'accompagnement pour identifier, ressentir et gérer l'ensemble des émotions vécues par votre enfant et vous.

3. **Un cadre éducatif clair, sécurisant, stable et connu par votre enfant grâce à l'introduction de règles au fur et à mesure de son développement**

- Permettre à votre enfant de savoir ce qu'il peut faire/ dire ou non, en fonction des circonstances et des environnements sociaux.
- Fournir des indicateurs comportementaux au quotidien.
- Ne pas tolérer le non-respect des règles : pas d'enfant roi !

4. **Jamais de punition, plutôt des conséquences**

- Fournir des ressources, des solutions, des préconisations à votre enfant pour qu'il puisse mettre en place des comportements adaptés, en fonction de son âge de développement.
- L'aider au quotidien à mieux comprendre ses comportements, les modifier en fonction des possibilités et des conséquences possibles pour lui et autrui.
- Permettre une responsabilisation et une empathie sociale.
- En cas de non-respect des règles : mettre en avant les conséquences de ses actes et lui transmettre les notions de réparation et de compréhension.

5. **Lui permettre de développer progressivement son autonomie et sa confiance en lui**

- Votre levier principal : le renforcement des comportements positifs pour optimiser la répétition, la valorisation et la compréhension des bonnes conduites à tenir selon les environnements sociaux.

- Permettre la motivation, la fierté à montrer ce qu'il sait faire et ce qu'il a compris : renforcement de l'estime de soi et donc de sa valeur individuelle.
- Maintenir toujours des encouragements pour explorer, expérimenter, recommencer, même face à une erreur et/ou un échec : ne pas demander la perfection dès les premières tentatives.

Un mot-clé dans votre quotidien de parent : l'adaptation !

Depuis juillet 2019, la France reconnaît les effets néfastes des violences éducatives ordinaires sur le développement général de l'enfant (depuis son plus jeune âge) et les impacts sur son cerveau. Sont donc interdits par la loi française la fessée et tout type de privation et/ou d'humiliation.

Conseil 7

Prendre soin de son couple conjugal ou oser penser à l'amour pour les parents solos

Joséphine, maman de 3 enfants, mariée à Fabrice depuis 12 ans :
« Il est vrai que depuis que nous sommes parents, notre couple n'est plus aussi démonstratif dans ses élans d'amour, c'est comme si nous avions fait un focus sur nos enfants car c'est une grande responsabilité… et puis mon mari aime me dire souvent : "le plus dur fut de te trouver, j'ai confiance en notre amour, jamais je ne pourrais penser ma vie sans toi". Merci Fabrice, mais j'ai aussi besoin que tu me le montres aussi dans notre vie au quotidien… ».

Séraphine, célibataire et ***maman de Sarah (8 ans)*** :
« Je suis seule depuis mon divorce d'avec le père de ma fille, je n'ai rien tenté côté cœur, même pas une petite amourette. J'ai fait un focus total sur elle, cependant, elle grandit, semble avoir moins besoin de moi, c'est même elle qui m'encourage à trouver un amoureux, elle me dit souvent : "Maman, tu ne peux pas avoir de l'amour que pour moi, et puis certains jours, je vois bien que tu es triste…" ».

Cher couple parental, il n'y a pas forcément de règles en la matière cependant, il faut garder en tête que vous avez besoin l'un et l'autre de vous identifier comme des partenaires de vie et donc pas uniquement comme des parents dans votre quotidien. N'oubliez pas que c'est votre amour et votre affectivité qui ont fait de vous des parents, sans cela, point de désir d'enfants ni de construction familiale. Il est tout à fait normal que votre couple laisse place aussi à du temps pour votre enfant et votre famille mais il doit aussi en garder pour lui-même, même si vos responsabilités sont plus grandes depuis l'arrivée de votre enfant dans votre vie d'adulte.

Voici quelques conseils que vous pourriez adapter à votre fonctionnement de couple, en écho à vos besoins et vos désirs en commun. Le plus important à retenir est que votre couple a besoin de carburant et de moments agréables pour le maintien d'une relation amoureuse saine et durable.

- Programmez des rendez-vous amoureux, même si le terme « programmation » vous paraît peu glamour, il semble correspondre à la réalité de la plupart des parents ! Planifiez-en un au moins une fois par semaine, envers et contre tous. Et ce même malgré vous, même malgré une potentielle fatigue qui vous ferait annuler un repas, une soirée au ciné ou une balade en amoureux ! Il est essentiel de maintenir votre complicité pour faire face au quotidien difficile de votre vie de parent. Votre enfant peut être gardé par une tierce personne en qui vous avez confiance.
- Gardez un espace consacré à votre couple au sein de votre domicile, lieu qui correspond généralement à la chambre parentale. Il est important de conserver un territoire intime et de limiter son accès à votre enfant en lui expliquant les règles qui s'appliquent à cet espace en question. Ce lieu est nécessaire pour vous poser ensemble ou séparément et pour que, soyons clairs, vous puissiez garder une activité sexuelle épanouissante pour votre couple. Dans les témoignages que j'entends, il ressort souvent des difficultés à maintenir une pratique sexuelle satisfaisante en parallèle de la parentalité.
- Soyez indulgent avec votre partenaire sans pourtant le laisser se négliger. Il peut être nécessaire de le rappeler autant à la mère qu'au père. La vie trépidante de parent peut conduire tout un chacun à délaisser son apparence Vous devriez, au lieu de faire des remarques potentiellement blessantes, être dans une forme d'encouragement

mutuel en aménageant des temps ensemble pour prendre soin de vos corps : soirée massage, épilation, shopping ou pratique d'un sport.

- Parvenez à ne pas avoir uniquement des conversations sur votre enfant et votre parentalité. Oui, cela peut sembler évident, pourtant, quand on est parent, le quotidien de l'enfant s'insinue souvent dans les échanges, même si le sujet de discussion était à la base très éloigné de lui. Vous pouvez en jouer et poser des gages si ce sujet arrive malgré tout entre vous, alors que vous aviez convenu de ne pas en parler sur des temps partagés en amoureux.
- Montrez-vous amoureux même devant votre enfant car il a besoin aussi d'avoir conscience de la nature de votre relation affective qui doit avoir sa place dans la famille. De plus, cela est souvent très rassurant pour un enfant de voir papa et maman amoureux ! Et aussi, c'est important qu'il sente que votre bonheur ne dépend pas uniquement de lui. Vous êtes aussi les premiers modèles amoureux de votre enfant et sa première représentation de la relation amoureuse. Vous pouvez avoir des gestes d'affection dans différents contextes de la vie courante, alors n'hésitez pas, si vous en avez envie évidemment, cela peut aussi renforcer votre amour au quotidien. N'hésitez plus à vous dire « je t'aime » quand vous en avez envie !
- Pensez à vous faire plaisir en marquant des attentions particulières en lien avec des dates, des évènements ou tout simplement en exprimant des envies ressenties au quotidien. Il est important d'y accorder du temps et il n'est pas nécessaire de dépenser énormément d'argent pour symboliser le fait que vous pensez à l'autre et pour lui montrer qu'il est important pour vous. Vous pouvez aussi créer certains rituels rien qu'entre vous : s'offrir un restaurant spécial pour l'anniversaire de votre rencontre, vous réserver un moment chaque soir avant d'aller vous coucher, acheter le gâteau qu'il préfère chaque fois que

vous passez devant la boulangerie, vous écrire une lettre d'amour par an, aller le chercher au travail car exceptionnellement c'est sur votre trajet, etc.

- Maintenez vos projets de couple le plus possible, c'est l'indispensable parmi les indispensables ! Partager des vacances ensemble sans votre enfant, prévoir des activités en couple au sein d'une association professionnelle, maintenir les liens avec vos amis respectifs par des sorties, aller voir un thérapeute de couple si nécessaire ou mille et une autres possibilités ! À vous de les créer et de les appliquer dans votre quotidien autant que possible. Votre vie ne doit pas uniquement tourner autour de votre parentalité.
- Préservez votre communication chaque jour, sur tous les sujets, n'ayez aucun tabou, ni secrets, ni non-dits. C'est extrêmement important pour l'harmonie de votre couple. L'objectif est de considérer votre partenaire comme un confident, une référence, un appui dont vous avez besoin dans votre vie. Aucun sujet ne doit être écarté sous peine de laisser place au silence et à la frustration. La communication vous aidera à vous comprendre et à mettre en œuvre si nécessaire un changement qui sera bénéfique dans votre existence.

En conclusion, prendre soin de votre couple, c'est aussi prendre soin de vous dans sa globalité. La recherche de cette harmonie aura des effets positifs sur votre partenaire, sur vous et sur votre famille.

Pour le parent solo, soyez à l'écoute de votre besoin et de votre désir d'être à nouveau en couple, de vouloir être aimé et d'aimer en retour. Votre vie de parent ne doit pas être un prétexte pour vous infliger une situation que vous ne souhaitez pas vraiment, cela serait comme un poids invisible sur votre enfant ! Il n'est pas un réel obstacle pour que vous retrouviez l'amour. Évidemment, cela vous demandera une organisation supplémentaire mais il n'y a rien d'impossible. Il faut donc vous autoriser à prendre du temps pour vous sans culpabiliser. Écouter ses envies et accepter d'être un adulte heureux aura un bel impact sur votre parentalité et sur votre enfant. De plus, souvent, c'est votre enfant qui vous pousse et vous autorise à retrouver l'amour car il a bien compris l'importance du besoin d'affection dans une vie ! Alors ne lui démontrez pas le contraire : vous pouvez être parent, vivre des relations affectives comme vous le souhaitez ou une belle histoire d'amour. N'ayez plus peur !

Conseil 8

Privilégier les temps qualitatifs avec son enfant et en famille

Léa, maman de Pierre (6 ans) :

« Je passe beaucoup de temps avec mon fils, le temps file tellement vite que je m'aperçois que la routine du quotidien peut être très pesante dans mon vécu de maman et peut abîmer mon lien avec Pierre. Maintenant qu'il est plus grand, très souvent il se plaint que je ne passe pas assez de temps avec lui… parfois quand il me dit cela, j'ai envie de lui hurler dessus car je fais tout pour lui jusqu'à dire non à des invitations amicales ou parce que je me sens épuisée à 22 heures un lundi soir… ».

Souvent, cher(s) parent(s), vous me dites en consultation : « Bien sûr que je passe du temps avec mes enfants ! Parfois même trop selon moi ! ». Et lorsque je vous demande de me décrire plus précisément ce constat, très souvent vous évoquez des temps ensemble d'un point de vue quantitatif mais beaucoup moins d'un point de vue qualitatif : « Je m'occupe d'eux chaque jour : l'alimentation, l'hygiène, l'école, les devoirs, l'habillage, la cuisine, les conduites aux activités ! ». Oui, c'est du temps passé ensemble certes, mais quand je vous interroge sur le plaisir, le partage, le divertissement, la joie... subitement votre visage change. Vous distinguez immédiatement une différence entre les moments passés ensemble et les objectifs que vous vous étiez fixés. De plus, votre enfant perçoit souvent ce temps comme non-qualitatif et parvient quelques fois à le verbaliser. Tout comme vous d'ailleurs, quand vous prenez du recul, mais de façon souvent maladroite, sous forme d'énervement ou de frustration. Finalement, le message lié au besoin ou au manque ne passe pas...

C'est quoi, concrètement, un temps qualitatif passé avec son enfant ? Ne cherchez pas trop loin, ce sont tout simplement des moments sympathiques, sans pression : le plaisir, le jeu, la proximité relationnelle et l'affection partagée. Oui évidemment, au quotidien, vous avez le sentiment de passer énormément de temps avec lui… mais si vous êtes vraiment transparent avec vous-même, la gestion des impératifs domine souvent largement votre parentalité. J'insiste : peu importe l'âge de votre enfant, il a besoin, d'ailleurs tout comme vous, d'avoir ce temps privilégié avec vous, que vous soyez le père ou la mère. Car je remarque souvent que ce temps qualitatif interroge la maman et moins le papa, ce qui n'est pas forcément juste en réalité.

Pas de stress, cela ne veut pas forcément dire qu'il faut passer des temps privilégiés avec votre enfant plus de deux heures par jour, surtout en semaine. Toutefois, des moments de bonheur courts, en dehors des temps de routine, sont essentiels pour son développement et votre épanouissement parental. Au lieu de ruminer avant de vous coucher sur ce qui a été laborieux avec votre enfant dans la journée, vous aurez plus facilement à l'esprit ce moment de jeux et vos rires, pour vous aider à vous endormir et à vous projeter positivement dans la journée suivante. Avoir ce temps qualitatif va renforcer votre lien parent/enfant, va stimuler votre enfant dans ses stades de développement. En somme, ce temps va le rendre heureux et l'aider à ressentir de la joie à vos côtés. Ce sont souvent dans ces moments qualitatifs que l'approche émotionnelle et affective s'exprime le plus. Cette tendresse réciproque lui permet de se sentir aimé, entouré, précieux et vous démontre que vous l'êtes aussi à ses yeux. Grâce à elle se développent l'empathie sociale, et la compréhension des sentiments d'affection. **Ce sont ses compétences socio-émotionnelles qu'il développe en les expérimentant avec vous**. J'ajoute que tout cela vous fait aussi beaucoup de bien à vous !

Attention, cela ne signifie pas qu'il faut être toujours dans l'action et proposer mille activités à son enfant : soyez davantage dans une disponibilité concrète qui ne soit pas entravée par des écrans, le téléphone ou la liste des choses à faire avant 20 heures un jeudi soir. Vous pouvez tenter de créer des rituels individualisés avec votre enfant, au moins un par jour même si celui-ci dure moins de 20 minutes. Ce qui reste largement réalisable.

Je vous propose quelques exemples pour vous aider à créer ces moments qualitatifs avec votre enfant selon vos envies et votre personnalité :

- trouvez un jeu par jour selon l'âge et vos intérêts réciproques si possible : jeu de société, jeu à l'extérieur, jeu créé par vous deux… les sourires, le rire, la bonne humeur seront présents ;
- ayez un temps de discussion en dehors des questions du quotidien sur l'école, le centre de loisirs ou la cantine : tentez de mieux comprendre ce qu'il pense en ce moment, ce qu'il ressent, ce qui peut l'inquiéter, etc. ;
- ayez des temps de confidences, voire des petits secrets rien qu'entre vous ;
- proposez un rituel par semaine pour « prendre soin » l'un de l'autre : partage d'un massage du dos, coiffure, session de yoga, une activité sportive, etc. ;
- découvrez ensemble une nouvelle activité et proposez-en une chacun votre tour : « Maman, je veux tester avec toi… » ; « Mon fils je veux te faire découvrir… » ;
- ayez des temps de pause ensemble : un moment de repos ou des activités relaxantes comme l'écoute d'un disque, un délassement dans un grand pouf ou dans l'herbe ;
- créez des choses ensemble : une chanson, un plat, une chorégraphie, un salut personnalisé, un dessin, une histoire, un jeu, un langage, etc.

Vous pouvez aussi faire le point objectivement sur le temps qualitatif que vous passez réellement avec votre enfant du lundi au dimanche. Le but n'étant pas de vous culpabiliser, mais de prendre conscience que ce manque peut impacter votre parentalité et votre lien avec votre enfant. Vous pouvez faire un tableau simplement sur votre agenda qui allie votre famille à l'ensemble des activités réalisées sur une semaine type. Puis associez votre enfant à cette recherche de temps qualitatif et ne prenez pas peur de ce qu'il pourrait vous dire (reproche ou plainte): il n'a pas l'intention de vous faire du mal, il cherche juste à établir avec vous un changement positif.

Vous pouvez aussi impliquer votre partenaire éducatif dans cette prise de conscience car, comme j'ai pu le remarquer, l'enfant a besoin de ce temps qualitatif auprès de ses deux parents. Vous pourrez alors ensemble revoir les priorités de l'agenda familial, réorganiser qui fait quoi en fonction de vos réelles disponibilités et gérer différemment si besoin, les tâches préalablement réparties. Pour réduire la fameuse course contre la montre à partir de 17 h 30/18 h, tentez de relativiser et de faire certaines choses une fois votre enfant endormi. Impliquez votre enfant dans l'ensemble des tâches à réaliser jusqu'à son coucher pour partager ces moments de manière plus plaisante et dynamique en arrêtant de regarder l'horloge. Cuisinez ensemble, même un plat simple, demandez-lui de vous aider à faire un peu de ménage ou de rangement, d'inventer une chanson pour mettre la table, etc.

Il vous arrivera d'être moins disponible car vous n'êtes pas un robot mais un être humain comme les autres. Il est alors recommandé de lui expliquer la situation sans forcément rentrer dans le détail: « J'ai eu une journée vraiment pas facile au travail... »; « Je me suis disputée avec ma grande copine, je suis un peu triste... »; « J'ai fait deux heures de sport, je suis fatigué ». Sachez qu'il ressentira cette indisponibilité. Cependant, si vous ne mettez pas de mots et donc du sens sur celle-ci, votre enfant pourra ressentir des peurs, des interrogations et du stress en pensant qu'il en est responsable. Vous pouvez également lui dire que cela pourra aussi lui arriver mais que vous n'allez pas lui en vouloir. Vous l'aiderez ainsi à comprendre que l'humeur, les émotions et l'attention peuvent être fluctuantes selon le vécu de sa journée, mais que cela ne change en rien sa valeur et votre amour pour lui.

Ce temps qualitatif est un choix et non une contrainte. Il priorise votre lien avec votre enfant devant la routine du quotidien qui peut vous abîmer et vous faire crouler sous les contraintes et la mauvaise humeur. Dans son ouvrage *La Discipline positive*, Jane Nelsen définit le temps qualitatif comme :

> une bulle d'amour inconditionnel, d'attention exclusive, de présence à l'autre, un bonheur partagé (...) C'est l'une des choses les plus encourageantes que les parents puissent faire pour leurs enfants : passer un temps régulier, « programmé », « juste pour l'enfant », comme un cadeau[26].

Conseil 9

Revoir *vraiment* son planning individuel, celui de son enfant et celui de sa famille au complet

Eh oui cher(s) parent(s), combien de fois vous ai-je entendu(s) vous plaindre de votre agenda surchargé ? Trop souvent ! Vous déplorez un agenda de famille lesté de diverses obligations, contraintes ou déplacements en tout genre, sans prendre en compte ce qui est réellement faisable dans votre quotidien parental, et en laissant de côté toute notion de plaisir. Votre enfant a-t-il besoin de faire plus de deux activités par semaine ? Votre enfant doit-il forcément avoir des activités périscolaires ou extrascolaires ? Avez-vous compté le nombre de kilomètres que représentent ces déplacements ? Une tierce personne peut-elle vous faciliter la gestion de cet agenda ? Faites le point sur l'ensemble de vos choix et réfléchissez à la manière de moins surcharger votre mental et votre semaine.

Cet emploi du temps est donc à optimiser pour le confort et le bien-être de tous. Vous êtes l'adulte, donc c'est à vous que revient la responsabilité de la gestion de cet agenda familial. Il est également important de trouver un l'équilibre avec votre partenaire dans la prise en charge globale du quotidien. Cependant, il faut en parler ensemble avant de s'engager auprès de l'enfant. L'objectif est donc d'alléger cette charge tout en tentant de faire du bien à tous... Oui c'est certainement difficile mais pas impossible. Vous pouvez expliquer à votre enfant vos choix et les modifications essentielles de cet agenda qui vous permettra de gagner en calme et en sérénité. Vous pouvez aussi choisir de faire participer l'ensemble des membres de la famille dans la gestion de cet emploi du temps.

Alors comment harmoniser les missions de chacun ? Vous pouvez opter pour l'utilisation d'applications de type « couple parental ou familial » qui incluent les enfants, en voici quelques exemples : TipStuff, Maydée ou encore Pistache. Vous avez donc compris : il faut répartir les tâches quotidiennes et savoir déléguer ! Si vous incluez votre partenaire de vie, pourquoi pas vos proches et votre enfant ? L'option la plus simple est de rendre visible et accessible à tous cet agenda de famille pour en faciliter la collaboration.

L'autre point essentiel est de parvenir à lâcher prise réellement sur certaines tâches du quotidien pour prendre en compte les imprévus, les envies et les humeurs de chacun. Il faut donc idéalement être capable d'accepter de ne pas tout maîtriser, ni contrôler, de ne pas pouvoir tout réaliser malgré la taille de votre *to do list*. Rien de grave, la face du monde ne va pas s'écrouler si un grain de sable a pu ralentir votre organisation du mardi soir ! Votre maison n'a pas besoin de briller et d'être rangée du lundi au dimanche d'une façon standardisée, votre enfant peut prendre une fois le bus pour aller au foot, votre partenaire pourra se passer de son plat fait maison pour son repas du midi, etc. Le but est de relativiser les aléas, les changements possibles liés au rythme de vie. Ce qui ne veut pas dire de ne pas tenter, le plus souvent possible, de respecter les rituels et de conserver la routine familiale, sécurisante pour tous. En effet, une bonne organisation offre aussi une forme de sérénité familiale.

J'ajoute qu'il ne faut pas culpabiliser devant votre envie de tout bien faire pour ne pas vous voir comme un mauvais parent. Il est aussi tout à fait normal de ressentir plus d'énergie en début de semaine qu'à la fin. Vous n'êtes pas une machine. Prenez-le aussi en compte dans la réalisation d'un nouveau planning de famille. Ne vous oubliez pas dans cet agenda, dans le sens où vous êtes vous aussi un membre de la famille. Vos activités et vos besoins doivent donc apparaître. Ce peut être très important pour votre partenaire et pour vos enfants de connaître vos activités et vos besoins dans le quotidien. En somme, indiquez vos moments à vous, rien qu'à vous !

Un dernier conseil : optez plutôt pour la *did list* que pour la *to do list*. Oui, je sais, notifier par écrit l'ensemble des choses à faire semble la bonne méthode pour ne rien oublier certes, mais si cela engendre du stress, non ! La *did list* vous permet de notifier ce qui a été fait. Elle est davantage valorisante et rassurante. Elle est aussi plus constructive car elle met en avant les tâches accomplies, ce qui redonne une énergie positive. Vous vous rendrez compte de l'ensemble des tâches réalisées dans votre quotidien avec satisfaction. Cette liste vous permettra également de mieux communiquer avec votre partenaire de vie pour faire le point sur ce qui peut rester à accomplir.

Julie, maman de Victor (3 ans) et Lou (6 ans) :

« Je voulais tellement bien faire pour mes deux bébés qu'ils sont inscrits à diverses activités : baby-gym, baby-tennis, cours d'anglais et dans une association de jeunes lecteurs. Mon agenda était rempli du lundi au dimanche avec des trajets et des horaires pas toujours très bien adaptés à leur âge. Ils étaient fatigués, agités et moi aussi ! Et j'avais tendance à m'énerver plus contre eux forcément, je perdais du plaisir à les emmener et même du plaisir à les regarder durant leurs activités ».

Conseil 10

Accepter le *baby-clash* et le *child clash* tout au long de sa vie de parent

Cyril, papa de Nicolas (6 mois) :

« Nous avons eu du mal à nous comprendre avec Julia lors de l'arrivée de Nicolas. Pourtant, nous avions toujours beaucoup parlé de notre parentalité, nous avions quasi tout organisé, nous avions pris en compte les demandes de l'un et l'autre... et puis Nicolas est arrivé... Julia a même voulu changer le prénom du bébé alors que nous étions totalement en phase sur ce choix ! Nous n'avons pas réussi à tout mettre en place comme c'était prévu... Beaucoup de disputes, de pleurs et de frustrations avec un bébé au milieu. Ma Julia était différente et ne me voyait plus du tout... j'ai tenté de garder mon calme et de faire semblant que j'acceptais mais non, la preuve, je suis devant vous ».

Il existe différentes définitions du *baby-clash*. Je vais tenter de vous transmettre ce qui me semble le plus correspondre au vécu des parents que je reçois en consultation. On nomme ce phénomène «*baby-clash*» car les dissensions qui peuvent survenir entre deux parents sont souvent liées à l'arrivée d'un enfant dans un couple. Le passage du couple conjugal au couple parental est un bouleversement mais je constate néanmoins que le *baby-clash* peut se produire également à l'arrivée d'un deuxième enfant quand une nouvelle histoire de vie et de famille se met en place. C'est une nouvelle adaptation familiale et le rythme du deuxième enfant peut être très différent du premier. C'est pourquoi, je dis toujours aux parents que toute naissance est une nouvelle aventure, quelle que soit leur expérience passée. Cette prise de recul peut les protéger éventuellement d'un *baby-clash* plus ou moins intense.

Ce *baby-clash* peut correspondre au moment où votre couple parental se construit une réalité propre, quand le nouveau-né est bien là, qu'il faut en prendre soin continuellement puisqu'il est totalement dépendant de vous. Apparaît alors un amour nouveau, une affectivité inconnue, qui quelquefois déborde, ou terrifie, implique de grandes responsabilités, des devoirs et des priorités dans votre vie d'adulte.

Les biberons, les soins d'hygiène, le manque de sommeil, le portage intensif, les multiples rendez-vous, la gestion et le décodage des pleurs... Votre rythme biologique ne compte plus, ni celui de votre partenaire, c'est celui du bébé avant tout. Évidemment, on ressent du bonheur et de l'accomplissement en vivant tous ces moments avec ce petit être ; toutefois, s'adapter demande nécessairement des ajustements conséquents qui soient en adéquation avec le couple. Créer une harmonie à trois demande du temps, un temps souvent négligé.

Vous pouvez aussi éprouver des difficultés à vous comprendre ou à comprendre votre enfant, à synchroniser vos actions, à prendre en compte la fatigue de l'autre, à demander du soutien. Difficile aussi de se sentir relégué au second plan, de ne pas trouver la place que l'on désire auprès du nourrisson... la tension monte au fur et à mesure et c'est le conflit et sa multiplication qui mettent en péril votre couple conjugal et votre harmonie familiale.

Alors concrètement, le *baby-clash* est-il évitable ? Je dirais oui et non et parlerais plutôt de gestion de son intensité. Même si vous tentez de vous organiser, rien n'est vraiment prévisible dans la vie de famille. Il y a toujours des imprévus : votre état de santé ou celle de votre bébé, les couacs organisationnels, un tiers devant vous aider et qui annule à la dernière minute, la réaction inattendue d'un enfant de la fratrie ou celle de votre partenaire, etc.

Pour éviter le *baby-clash*, les points essentiels à retenir sont :

- **rester à l'écoute des besoins** de chacun des membres de la famille ;

- **prendre en compte les temps de repos nécessaire** et **les temps de couple** en dehors de la parentalité;
- **respecter la répartition des tâches** concernant l'enfant dans le quotidien.

Si ce *baby-clash* survient au deuxième enfant, vous pouvez tenir compte des stratégies qui ont mal fonctionné à l'arrivée du premier, pour les améliorer. Toutefois, rien ne peut vous permettre vraiment de tout anticiper car l'arrivée d'un enfant donne toujours lieu à une nouvelle dynamique.

De plus, j'ajoute que les parents doivent accepter le *child clash* (les dissensions liées à l'enfant qui grandit) car en réalité ils ne pourront jamais être totalement en accord sur **tous les principes d'éducation**, même s'ils cherchent à tendre idéalement à ce consensus ou à un compromis parental. Les parents vont vivre des conflits, des désaccords, des discussions sans fin concernant leur enfant, peu importe son âge de développement. C'est une partie moins idéalisée de la parentalité mais une facette bien réelle qu'il faut accepter.

Conseil 11

Trouver des astuces pour se faire du bien dans sa vie d'adulte

Nombreux sont les parents qui ont abandonné une pratique sportive, une activité de détente ou de loisirs individuelle depuis que leur enfant est né. Vous pouvez aussi ressentir de nouvelles envies sans oser pour autant les réaliser car vous ne trouvez ni le temps, ni l'énergie, ni l'argent... ou que la peur de l'inconnu vous paralyse...

Ces choix sont compréhensibles et dépendent aussi des périodes ou des besoins et difficultés que votre enfant peut éprouver. Néanmoins, **sacrifier sa vie d'adulte ne vous aidera pas du tout à vivre une parentalité épanouie**. Ce sentiment de sacrifice va vous conduire à de la frustration et parfois à une colère plus ou moins consciente envers votre enfant, par exemple: «À cause de toi, je ne peux plus faire ça...»; «Je n'ai plus le temps ni l'énergie de prendre soin de moi car tu me prends tout mon temps»; ou «Je regrette tellement de ne plus pouvoir faire de sport...». Souvent, malgré votre désir, votre agenda de famille ne vous permet pas de réserver un peu de temps pour vous. Ou bien vous culpabilisez de prendre soin de vous «au détriment de votre enfant», et cela vous empêche d'aménager des plages horaires qui vous sont pleinement consacrées. **Votre enfant ne peut et ne doit pas être une excuse pour ne pas réaliser vos envies d'adulte.** Par exemple: vous avez une heure devant vous et vous hésitez entre le repassage et votre cours de yoga en ligne... pourquoi ce choix s'opère-t-il de cette manière dans votre esprit?

Osez faire le point sur vos envies et sur ce qui est réalisable dans votre quotidien de parent afin d'être en adéquation avec votre partenaire de vie. Vous souhaitez reprendre le sport, essayer le yoga en groupe, faire de la peinture, lire ce dernier best-seller littéraire dont tout le monde parle, sortir davantage avec vos amis… Faites-le avant d'exploser! **Votre enfant sera heureux de vous voir épanoui dans votre vie d'adulte**. Vous nourrir autrement et en dehors du foyer vous permettra aussi de lui transmettre des valeurs positives sur la question du désir, des passions ou du *care*. De nombreuses fois j'ai conseillé à des parents de suivre leurs envies, et quand la culpabilité de « délaisser son enfant » est trop forte, je leur ai proposé de l'inclure si possible dans cette activité (au début, du moins !).

Lucie, maman de Jasmine (11 ans) et Quentin (9 ans), en concubinage depuis 20 ans :

« Devenir maman a pu me faire perdre mes activités de détente à certaines périodes, c'est vrai ; et le sport m'a tellement manqué que j'en devenais stressée. Mon compagnon lui n'a jamais abandonné le tennis. J'ai donc pris la décision récemment de m'inscrire à la salle de sport pas loin de chez moi avec un coach, pour être sûre de m'y rendre au moins une fois par semaine. J'ai pris le temps d'en parler avec mon compagnon pour que le jeudi soir, il gère les enfants et ça me fait un bien fou ».

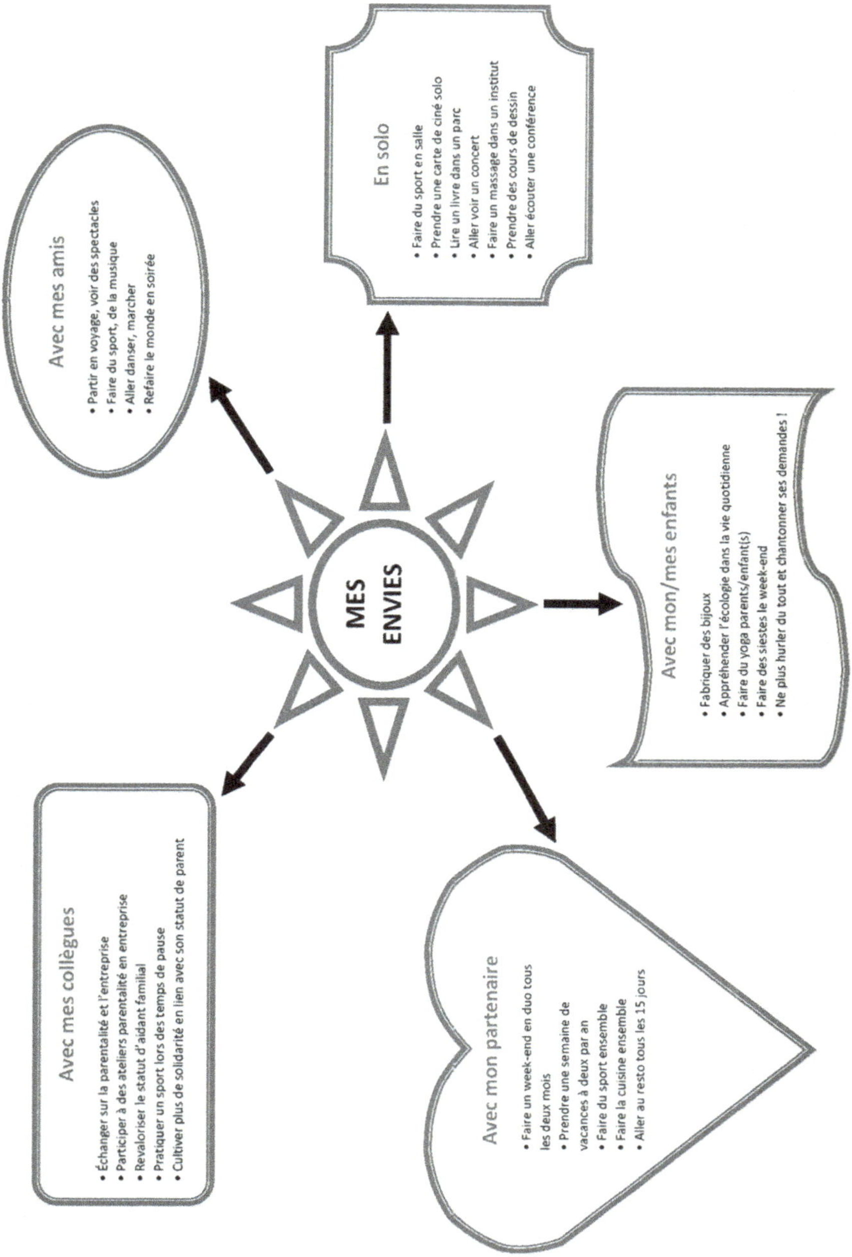

Figure 7. L'organisation de mes envies.

Conseil 12

Oser exprimer ses émotions au quotidien envers son enfant et son partenaire éducatif

Stéphanie, maman de Roméo (8 ans) et Axel (6 ans) :

« Ce n'est pas toujours évident de parler de mes émotions à mes enfants et à mon compagnon… je m'aperçois que j'ai beaucoup de mal car j'associe ça à une forme de faiblesse… c'est nul, je sais… mais je n'ai pas eu la chance d'avoir ce type d'éducation émotionnelle.

De plus, je suis paradoxale car je demande souvent à mes fils de me parler et de m'expliquer ce qu'ils ressentent… et je ne suis pas un modèle ! Toutefois, j'ai envie de faire mieux pour le bien-être de ma famille ».

Petit récap sur les émotions

À quoi servent les émotions ?

Les émotions nous servent à vivre ensemble de façon harmonieuse en nous permettent de nous adapter les uns aux autres en fonction de nos états émotionnels réciproques.

Quels sont leurs rôles ?

Dans le fonctionnement individuel et les relations sociales, les émotions fournissent des informations importantes pour orienter notre comportement.

1. Elles nous informent sur notre environnement.
2. Elles nous informent sur nous-même.
3. Elles nous aident à adopter un comportement approprié.
4. Elles aident notre entourage à mieux nous connaître.

Comment le développement des émotions se met-il en place ?

Dans le but de devenir compétent émotionnellement, il faut identifier, comprendre, exprimer, utiliser, réguler ses émotions.

On compte quatre étapes de développement des émotions, entre 0 et 10 ans :

1. 0 à 3 mois, le stade indifférencié : kit de base universel des émotions primaires (colère, dégoût, peur, joie)

L'enfant n'est pas en mesure de développer des stratégies pour les apprivoiser. Il a donc besoin d'un corégulateur (l'adulte), qui va user de stratégies diverses pour tenter d'éliminer, d'initier, de répéter une émotion chez l'enfant.

2. 3 à 24 mois, l'émergence des signes différenciés

- Imitation = adulte miroir + référent social.
- Stratégies intra-personnelles = maturation du cerveau + interactions avec l'entourage permettant à l'enfant de « choisir » comment son ressenti intérieur peut être visible à l'extérieur.
- Découverte que les signes émotionnels sont un moyen de communication non-verbale.

L'enfant prend aussi conscience qu'il ressent des choses qui lui sont propres et qui peuvent être différentes des autres (fonction symbolique en cours).

Il commence à mettre en place des **stratégies cognitives** : verbalisation, mime, jeu, interprétation des émotions des autres (par exemple il console un copain triste en lui apportant un doudou).

3. 2 à 6 ans, le développement de la régulation intrapersonnelle

- À partir de l'âge de 2 ans : apparition des **émotions secondaires** en lien avec les échanges interpersonnels, par exemple : fierté (joie ou colère), culpabilité (joie + peur), envie (tristesse ou colère), honte (peur+ dégoût). Pour ressentir ces émotions, il faut avoir conscience de soi et de l'autre comme étant différent de soi.

- Grâce au perfectionnement du langage, l'enfant a une meilleure autonomie dans le contrôle des émotions.
- L'attitude du corégulateur change aussi : il incite l'enfant à trouver des stratégies et ne donne plus de réponse quasi-immédiate, comme c'était le cas face au bébé.

4. 6 à 10 ans, l'intériorisation des stratégies de régulation émotionnelle

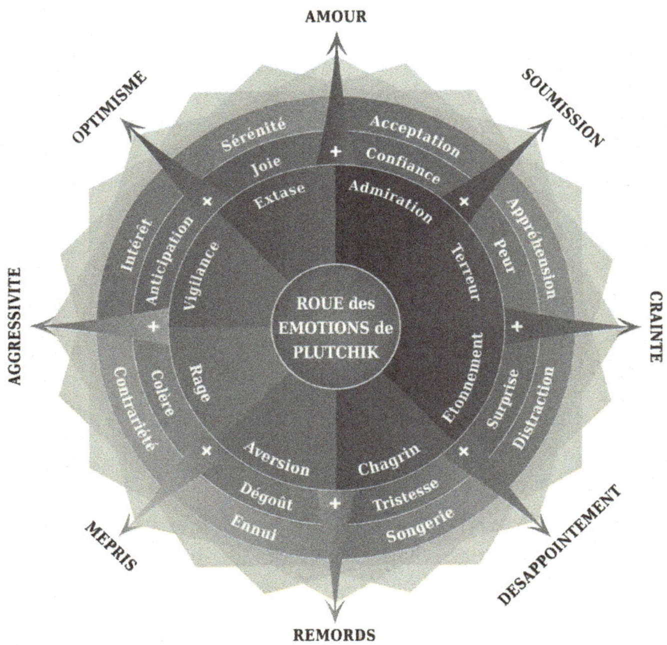

Figure 8. La roue des émotions de Robert Plutchik
© Adobe Stock

1. Communiquer avec son enfant, selon son âge

Rien ne doit vous empêcher de communiquer vos ressentis et vos émotions avec votre enfant, sauf vos peurs et angoisses qu'il faut au maximum garder pour soi. Quelques fois, certains parents me disent : « Je ne peux pas lui dire que je suis triste, épuisé, parce que c'est moi le parent ! » ; ou encore : « Je ne veux pas qu'il me voie comme faible, je dois paraître fort ».

Vous pouvez exprimer ce que vous ressentez mais il faut simplement être vigilant quant à la forme : le ton, la clarté, le choix des mots et des détails, etc. Ne rien dire ou presque peut plonger votre enfant dans l'anxiété. Avoir un adulte en face de lui incapable de communiquer sereinement, ou qui a des difficultés à partager ce qu'il ressent, ne le mettra pas dans une situation de confiance et ne lui apprendra pas lui-même à communiquer ; vous êtes sa référence, son modèle. Ainsi vous demandez souvent à votre enfant ce qu'il éprouve mais n'appliquez pas ce modèle de communication : cela produit de l'incompréhension chez l'enfant.

Ne niez surtout pas les émotions négatives. Votre enfant sera lui aussi confronté assez rapidement à ce type d'émotion. Il est donc important de lui montrer que même l'adulte peut en ressentir quotidiennement et que c'est normal.

2. Communiquer avec son partenaire éducatif

Idéalement vous ne devez avoir aucun tabou, ni secret, ni non-dit avec lui ! Ce n'est pas toujours évident mais tellement essentiel pour votre vécu parental ! C'est normalement votre première oreille, votre première épaule, vos premiers bras de réconfort : alors pourquoi autant d'hésitations ou de retenue ? Vous ne vivez certainement pas les mêmes émotions au même moment car vous percevez cette vie de famille avec votre propre paire de lunettes. Toutefois, il y a forcément des ressentis identiques selon les situations vécues ensemble ou séparément. Vous pouvez créer des rituels de communication sur votre parentalité et sur l'éducation de votre enfant.

Conseil 13

Prendre rendez-vous pour une guidance parentale

Ce conseil est important si vous ressentez le besoin et le désir d'être aidé ; n'ayez pas peur du jugement et ne craignez pas de ressentir de la honte ni de la gêne. Faites-vous accompagner *via* des experts certifiés et donc qualifiés. Ce peut être sous forme de consultations, de conférences, de groupes de parents, de lectures. Sachez qu'un bon nombre de parents consulte sans en parler autour d'eux. Pour certains, c'est même un acte devenu banal comme un rendez-vous chez le médecin. Si vous craignez que d'autres personnes puissent savoir que vous consultez, vous pouvez choisir un professionnel qui réside dans une autre ville. Selon un sondage réalisé par l'institut YouGov pour *Le HuffPost*[27] : pour 73 % des Français, entreprendre une thérapie peu importe le motif de consultation est synonyme de courage, mais 30 % des personnes interrogées assurent également qu'une thérapie doit rester secrète.

Alors pourquoi tant de réticence et de résistance avant la prise de rendez-vous, voire pendant les premières séances ? Très souvent vous connaissez la cause de votre souffrance en lien avec votre parentalité et pensez à tort pouvoir vous en sortir seul. C'est donc franchir un grand pas que de consulter un expert en parentalité, choisi avec précaution et en suivant la recommandation de votre réseau personnel. Les premiers mots que j'entends lors de la première consultation en guidance parentale sont : « J'y pense depuis longtemps mais... » ; « C'est dans ma tête depuis la naissance de ma fille, elle a 4 ans aujourd'hui » ; « Je pensais que tout irait mieux avec le temps mais non, c'est pire » ; « Je n'ai pas voulu voir vraiment mes difficultés » ; « Je ne voulais pas montrer mes faiblesses, mes peurs et mes angoisses » ; « Les autres y arrivent pourquoi pas moi ? » ; « Je pensais que je n'étais pas normale, que j'étais une mauvaise maman»; «J'ai tant de fois repoussé ou pris un rendez-vous puis annulé au dernier moment».

Vous pensez aussi souvent qu'il ne sert à rien d'aller consulter un psy ou un autre expert; ou vous espérez obtenir des résultats dès la première séance. L'expert est un soutien et un accompagnant; tout doit venir de vous et vous devez en avoir pleinement conscience avant de consulter. Il y a aussi des parents qui pensent que tout ne va pas si mal, quand ils comparent leur situation à celle d'autres familles. En ne prenant pas en compte sérieusement vos ressentis, vous vous laissez croire que le temps arrangera les choses, sauf que dans le cas précis du BOP, c'est évidemment l'inverse qui se produit. Consulter peut aussi simplement permettre de prendre en compte sa situation, de faire un point général et de s'apercevoir que la situation de votre parentalité n'est globalement pas si catastrophique.

Certains confondent guidance parentale et psychothérapie pure. La peur de parler de soi, de sa vie, de ses expériences vécues bloque le parent qui ne souhaite pas ancrer cette guidance dans une approche psychologique. Toutefois, les paramètres psychologiques doivent être abordés pour mieux vous faire comprendre que votre expérience de parentalité est en lien avec votre personnalité et votre vécu personnel.

Il est vrai aussi que le coût d'une guidance parentale peut être un frein à un suivi sur le long terme. Néanmoins, ce coût financier dépend aussi de votre investissement et de votre prise de conscience sur les besoins de soin de votre parentalité. Certains experts prennent en compte la difficulté de financer une guidance et proposent des aménagements spécifiques sur le coût du suivi. Osez en parler avec lui. Il peut aussi exister des institutions ou des associations proposant des consultations ou d'autres formes d'intervention en lien avec la guidance familiale à moindre coût, voire gratuites, selon l'endroit où vous vivez.

Il est tout à fait légitime d'avoir des appréhensions mais apprendre à s'écouter est un bénéfice réel pour la qualité de la parentalité. Il est normal de craindre de ne pas trouver le bon professionnel mais il existe certains sites référencés avec des expertises reconnues qui pourront vous guider dans vos choix. En voici quelques-unes sur la thématique du BOP :

- la Protection maternelle et infantile (PMI). Ce service public gratuit accueille les femmes enceintes et les jeunes parents avec leurs enfants de moins de 6 ans (puéricultrices, pédiatres et psychologues) ;
- les Réseaux d'écoute, d'appui et d'accompagnement des parents (REAAP), qui sont déployés partout en France ;
- des structures comme « L'école des parents », la fondation « Les Nids », ou l'association « Les pâtes au beurre », le Lieu d'accueil parents-enfants (LAEP), les points « Info famille » ou les mairies ;
- une application « Dr Mood Parents » ;
- le site « Burn out parental » créé par I. Roskam et M. Mikolajczak qui répertorie notamment les professionnels susceptibles de vous accompagner sur la thématique du BOP. En ligne : https://www.burnoutparental.com/s-en-sortir

Il est vrai qu'il existe aujourd'hui un nombre très important d'informations sur ce sujet (ce qui permet une vulgarisation nécessaire dans le domaine de l'enfance); faire le tri n'est pas chose aisée. Il est recommandé de ne pas multiplier ses sources d'information ni la consultation d'experts car le consensus généralisé n'existe pas vraiment dans les pratiques pédagogiques, éducatives et psychologiques concernant l'enfant et la parentalité. Vous risqueriez de vous perdre. Je me souviens d'une maman qui avait rencontré vingt professionnels avant moi pour de la guidance parentale, elle en savait quasi autant que moi sur les théories de F. Dolto, de B. Cyrulnik ou encore celles de C. Guéguen. Elle participait chaque week-end à au moins une conférence sur l'enfance, était abonnée à cinq magazines spécialisés, inscrite à une multitude d'applications parentales. Ce n'est malheureusement pas un cas isolé. Vous pouvez ressentir le besoin de vous informer et de mieux comprendre le développement de votre enfant, néanmoins, faite-le aussi avec ce qui vous parle le plus. Et vous ne pourrez jamais pleinement adhérer à tout ce que va dire un seul professionnel. Ne vous laissez pas déborder par des angoisses non adaptées à votre statut de parent. Apprenez aussi à vous faire confiance et garder la tête froide.

Charles, papa d'Éloïse (5 ans) et marié à Cécile depuis 7 ans :

« Je suis un papa poule, je lis des articles, des livres, je vais à des conférences pour mieux comprendre ma fille et assurer comme papa au quotidien ! Je n'ai eu aucune difficulté à me rendre vers un psychologue pour faire ce type de séance. J'ai pu exprimer mes doutes, mes peurs, mes incompréhensions et apprendre à relativiser cette pression que j'ai construite seul. J'ai pu aussi partager avec ma femme les conseils donnés et comprendre que tout ce que je vivais était normal ».

Conseil 14

Lutter contre les stéréotypes « papa/maman » à son échelle

Lucie, 42 ans, maman de 4 enfants :
« Quelle plaie tous ces stéréotypes sur la famille nombreuse avec la maman qui travaille… "Mais, comment tu fais pour avoir une carrière aussi importante et autant d'enfants, je ne pourrais pas… tu ne dois plus avoir de vie, ma pauvre…", voilà ce que j'entends au moins une fois par semaine depuis l'arrivée de mon troisième enfant, j'ai envie de leur hurler dessus à chaque fois ! ».

Paul, papa de deux enfants dont l'un porteur d'un handicap moteur :
« "Alors, ton enfant, tu fais comment avec lui ? Et son handicap n'est pas trop contraignant ? C'est ta femme qui s'en occupe j'imagine, elle doit être très fatiguée…"
Et lorsque je réponds que nous avons décidé de nous mettre à mi-temps l'un et l'autre, les personnes sont stupéfaites qu'en tant que papa je m'investisse auprès de mon enfant : "Eh bien bravo, c'est rare pour un papa !"… et là je me dis : "À notre époque, on peut encore penser comme ça ?" ».

Cher(s) parent(s), si les stéréotypes parentaux vous pèsent au quotidien, luttez contre eux selon votre ressenti, à votre manière. Ne laissez rien passer car la plupart du temps cela provoque en vous de la colère, du dégoût, de la frustration et parfois même de la tristesse, voire, dans le pire des cas, de la culpabilité. Bon nombre de parents en consultation témoignent de remarques, de questions, d'attitudes plus ou moins axées sur la question : « Qu'est-ce que c'est une maman et un papa dans notre société?». Pourtant, la question devrait plutôt être: « Qu'est-ce que c'est être un parent simplement?».

La perception du schéma classique de la « maman-présente-aimante-débordée » et du « papa-dans-l'autorité-plutôt-absent-mais-joueur » semble encore persister malgré les évolutions sociétales. D'autres faits significatifs de ces stéréotypes dont les parents témoignent en cabinet perdurent, comme : appeler uniquement la mère en cas de problème à l'école ou à la crèche malgré la mention « Avertir les deux parents », considérer que le jour « enfant malade » au travail ne s'applique qu'à la mère et pas au père, estimer que la gestion du fameux mercredi ou des week-ends est uniquement prise en charge par la maman comme celle des rendez-vous médicaux de l'enfant, penser que c'est le père qui doit poser un cadre et des règles ou jouer avec son enfant, etc. !

La question de l'équilibre dans l'investissement de son rôle parental demeure cruciale aujourd'hui et semble toujours influencée par la perception commune des rôles attribués au père ou à la mère. Le père et la mère ont les mêmes devoirs, obligations et responsabilités auprès de leur enfant, c'est essentiel de se le rappeler en cas de doute, de peur ou d'angoisse.

Bon nombre de mères s'expriment de plus en plus *via* les réseaux sociaux, les blogs, la littérature, les médias. Les émissions de parentalité qui leur sont dédiées démystifient la grande théorie de l'instinct maternel et du devoir de perfection, généralement attribués à la mère. À vous chères mamans de trouver un média qui vous intéresse et qui vous fasse admettre que vous n'êtes pas une maman parfaite, et que c'est très bien comme ça.

- Certaines mères utilisent des applications parentales comme « Malo[28] » qui axe ses conseils aussi sur le fait de prendre de soin de soi, en tant que maman ; tout comme « May[29] ». Car avant, les applications étaient plutôt uniquement orientées sur le soin de l'enfant.
- D'autres vont davantage consulter des blogs pour justement ne pas rentrer dans des stéréotypes éducatifs. Ainsi

« Maman, rodarde[30] ! » a créé des dépliants anti-sexistes sur son blog : https://mamanrodarde.com/2017/09/08/pour-les-petits-garcons-puissent-etre-et-aimer-ce-quils-veulent-sans-quon-les-emmerde/

- Des mères ont aussi créé des magazines comme *Cocottes magazine, le féminin parfait de la mère imparfaite*[31] démontrant leurs envies et leurs besoins de faire face à la parentalité sans le poids des perceptions genrées.
- « Supersmamas » est un réseau de soutien pour jeunes mamans, qui met en contact des *HelpingMamas* (« mamans qui aident ») et des *BubbleMamas* (« mamans à bichonner »). Pas besoin d'un investissement de tous les instants : quelques mots par téléphone, une visite, l'apport d'un bon petit plat maison pour la jeune maman... ce n'est pas grand-chose mais c'est précieux.

Du côté des papas, je vous partage quelques idées et expériences qui souhaitent faire bouger les stéréotypes sur la parentalité.

- Il existe *Daron Magazine*[32] créé par H. Gaspard, journaliste et père de trois enfants. Son objectif est de pouvoir offrir aux pères un magazine dédié à l'éducation ;
- Donte Palmer, père de deux enfants, a créé l'engouement aux USA en dénonçant l'absence de table à langer dans les toilettes pour hommes. Il raconte au travers de ses stories « ses galères de papa » et a créé le hastag #squatforchange ;
- Antoine de Gabrielli, père de quatre enfants, a quant à lui créé le réseau « Happy man Share more » avec le « Mercredi-c-papa » pour mettre en avant sa lutte contre les stéréotypes des pères qui souhaitent tout à la fois concilier une carrière professionnelle, leurs enfants et leur vie de famille ;
- De nombreux pères ont créé des blogs, des sites, des profils en affichant fièrement leur parentalité et en tentant

de prodiguer aussi des conseils aux autres. On peut citer le site d'Alexis « ebébé[33] », dont le slogan est on ne peut plus explicite : « Devenir parent n'est pas qu'une affaire de maman », ou encore le site « Papa positive[34] » qui cherche à sortir de l'image de père uniquement représenté dans la force et l'autorité suprême.

Vous pouvez choisir en commun une application parentale pour vous partager les informations, les conseils, les rappels. Vous pouvez lire des ouvrages, visionner des séries, des films sur des thématiques en lien avec votre enfant et votre parentalité. Suite à cela, vous partagerez sur ce qui a pu vous sembler pertinent et parlant pour chacun de vous. Vous pouvez également vous rendre ensemble à une conférence ou un atelier de parents. Aujourd'hui, il est possible aussi de mentionner fièrement son investissement parental en lien avec un congé maternité, paternité, parental sur son CV grâce à la mention « Ma pause parentale ». Sur son compte LinkedIn on peut désormais lister les compétences acquises grâce à la parentalité. C'est ce que propose l'initiative « Ma pause parentale », proposée par l'Escale et inspiré par *The Pregnancy Pause*, dont le but est d'encourager la reconnaissance de la parentalité par la société et le monde du travail.

À vous de choisir ce qui semble pertinent aux deux parents. L'important est de pouvoir partager une vision commune de votre parentalité qui ne soit pas en lien avec votre genre mais plutôt avec vos besoins et vos envies de parents.

En somme, partagez votre pédagogie, votre éducation, vos envies, vos peurs et vos bonheurs de parents ! Et surtout ensemble, luttez au quotidien contre des préjugés qui vous touchent : ceci vous aidera à former ce couple parental qui est primordial pour votre bonheur familial.

Conseil 15

Oser mettre en avant ses besoins parentaux sur son lieu de travail

Gérald, papa de Simon (12 mois) et Alfred (5 ans) :

« La tête de mon boss quand j'ai annoncé que je voulais prendre un congé parental pour Simon... il s'est décomposé et a pu me débiter un nombre impressionnant d'arguments pour que je ne fasse pas cette "connerie" ! Mes collègues n'ont pas mieux réagi... même certaines collègues, j'en fus d'ailleurs très étonné ! Ce qui a fini par me faire douter, alors que j'avais vraiment bien pris le temps d'y réfléchir. J'ai pu en discuter avec ma femme, j'ai confirmé mon choix et ce fut un vrai bonheur. Toutefois, je suis devant vous car la reprise du travail a été complexe bizarrement, surtout au niveau de ma réintégration dans mon équipe, j'avoue ne pas toujours comprendre leurs attitudes... j'envisage de changer d'entreprise ! »

Malheureusement, votre statut de parent n'est pas toujours bien pris en compte dans votre environnement professionnel, et vous pouvez en ressentir une souffrance qui impacte votre travail et votre parentalité. Tous les parents du monde vivent des dilemmes en lien avec leur situation professionnelle et leur parentalité, lesquels peuvent devenir de vrais casse-tête : « Qui de nous deux va garder notre enfant malade ?... Peux-tu faire du télétravail aujourd'hui ? » ; « Tu t'occupes des enfants le matin et moi le soir parce qu'avec mes horaires... » ; « Mouvement de grève à la crèche que fait-on ? » ; « La nounou est malade, qui peut aller chercher notre enfant à l'école ? » ; « Notre enfant doit absolument consulter ce spécialiste mais il ne reste qu'une consultation à midi lundi, qui y va ? » ; « Dois-je prendre un 80 % car mon enfant ne veut pas aller au centre de loisirs le mercredi ? » ; « Et les vacances scolaires, comment allons-nous faire ? » ; « Et comment faire si je n'ai pas de partenaire éducatif avec moi ? ».

Selon plusieurs études menées sur cette thématique de la parentalité en entreprise prenant en compte l'axe de l'épanouissement professionnel et parental, il ressort souvent de la part des parents salariés que les entreprises ne sont pas toujours assez compréhensives et à l'écoute de leurs besoins. Ils rencontrent ainsi des difficultés à concilier pleinement leurs responsabilités professionnelles et leurs obligations familiales. Ces difficultés se traduisent par du stress et de la perte de plaisir (au travail comme en famille).

Un des rares impacts positifs de la crise sanitaire liée au Covid-19 est que beaucoup d'entreprises ont dû faire preuve de souplesse et d'adaptation face à leurs salariés parents. Cependant, il faudrait que cela puisse continuer et que change le regard de **tous** sur la parentalité en entreprise.

Beaucoup de parents tentent de faire bouger les choses auprès de la direction des ressources humaines, avec plus ou moins de résultats. Toutefois, vous pouvez rappeler à votre employeur qu'en prenant en compte votre parentalité dans votre quotidien, vous serez davantage engagé, investi, performant et fidèle auprès de lui, et aussi moins stressé. Les actions concrètes des entreprises en faveur des parents pourraient être selon les souhaits parentaux :

- des **horaires plus souples** selon les jours travaillés ;
- l'**égalité professionnelle** au quotidien pour le père et la mère ;
- **flexibilité des horaires** et possibilité de les aménager facilement ;
- **reconnaissance du statut d'aidant naturel** si l'enfant est porteur d'un handicap ou d'une pathologie chronique ;
- proposition de **solutions de garde pratiques** et peu onéreuses pour limiter la demande de temps partiel des salariés ;
- des jours accordés en **télétravail** de façon ponctuelle ou aménageable de façon pérenne si le poste le permet ;

- **aménagement du congé** maternité, paternité, parental selon les besoins du parent (voire accès à une prolongation si possible ou prise en charge financière);
- des **formations**, des colloques, des ateliers d'entreprises en lien avec le travail et la parentalité;
- l'accès à des **crèches d'entreprise**;
- l'organisation en amont des déplacements professionnels;
- meilleure coordination des temps de réunion;
- souplesse sur les congés en lien avec les vacances scolaires;
- meilleure prise en compte des pathologies en lien avec la parentalité;
- accès à des propositions en lien avec les enfants et à des ressources pédagogiques (réduction sur les cours à domicile, les cours de sport, accès à des loisirs, à du soutien scolaire, etc.);
- un nombre suffisant de jours à accorder en cas d'enfant malade (correspondant à la réalité d'un parent qui a un enfant en crèche ou à l'école);
- accès à des experts de la parentalité en créant des partenariats avec les entreprises;
- appel à des prestataires spécialisés de plus en plus nombreux sur la thématique du bien-être de la parentalité en entreprise.

Informez votre employeur qu'il existe depuis le 6 octobre 2021 une nouvelle « Charte de la parentalité en entreprise créé par l'observatoire de la Qualité de vie au travail[35] ». Vous pouvez aussi lui offrir la lecture de l'ouvrage *La Parentalité en entreprise expliquée à mon boss*[36] de Tiphaine Mayolle : une note d'humour peut parfois plus aisément faire passer un message !

Pour certains parents, c'est même devenu un aspect important dans leur choix d'entreprise lors des sessions de recrutement Car un salarié heureux donne un parent heureux, et vice versa !

Idées à retenir

1. Vous n'êtes pas seul pour éduquer et contribuer au bonheur de votre enfant.
2. Faites le point sur le parent que vous souhaitez et pensez être, en vous basant sur votre réalité quotidienne.
3. Libérez-vous des commentaires, conseils, angoisses des autres sur votre parentalité !
4. Dites-vous enfin et une bonne fois pour toutes que vous n'êtes pas un parent parfait en estimant vos forces et vos vulnérabilités.
5. Acceptez que votre enfant ne corresponde pas entièrement à votre enfant idéalisé, cela sera libérateur pour vous et surtout pour lui !
6. Votre enfant est un être en développement, il a besoin de vous pour s'épanouir dans son quotidien mais plus que tout, il doit avoir votre confiance absolue pour s'autoriser à développer sa personnalité et ses habilités.
7. Oui à l'éducation bienveillante avec un cadre, de l'autorité et de l'amour. Être à l'écoute de son enfant ne veut absolument pas dire devenir son esclave ou le considérer comme un adulte !

Idées à retenir

8. Prenez soin de votre vie d'adulte ne fera pas de vous un parent négligent, bien au contraire, cela vous rendra encore plus épanoui !
9. Ne confondez pas disponibilité et servitude auprès de votre enfant : vous prendrez ainsi plus de plaisir à deux lors de moments privilégiés en dehors de la routine du quotidien.
10. Osez alléger votre emploi du temps familial dès la fin de votre lecture... sans culpabiliser !
11. Acceptez que vous et votre partenaire éducatif ne soyez pas d'accord sur **tout** en matière d'éducation et de pédagogie.
12. Dire ses émotions au quotidien est une force et non une faiblesse.
13. Franchir le pas d'une guidance parentale fait de vous un parent éveillé !
14. Tenter de changer les images généralistes du bon parent dans votre quotidien, si cela vous pèse trop.

Conclusion

Je conclus cet ouvrage avec ces deux citations :

> Les parents parfaits n'ont pas d'enfant[37].
>
> La paix dans le monde commence à la maison[38].

Cher(s) parent(s), vous avez fait le choix de lire cet ouvrage et ce n'est pas un hasard, n'est-ce pas ? Évidemment ! Alors, comment vous sentez-vous ? Rassuré, perdu, informé, déconcerté ? Vous avez peut-être pris conscience d'un éventuel mal-être ou malaise, d'une souffrance parentale intime ? Je vous félicite grandement ! Vous avez été au-delà de certains tabous comme celui de croire qu'être parent est un bonheur extrême et quotidien. Vous avez levé un voile sur votre vécu et avez certainement pris des décisions pour changer certains fonctionnements, pour vous et votre famille. Cet ouvrage, s'il cherche à vous aider à y voir plus clair, n'a pas pour but pour autant de renforcer un mal-être, au contraire.

Une fois défié le mythe de la parentalité épanouie dans le quotidien familial, les questions à vous poser sont les suivantes : reconnaissez-vous facilement un problème dans votre parentalité ? Si oui, avez-vous conscience de l'impact de ce problème sur vous, votre enfant, votre dynamique familiale ? Faites-vous appel à votre entourage pour vous soutenir dans votre parentalité ? Et surtout, vous sentez-vous prêt à modifier des éléments inconfortables dans votre parentalité ?

Je vous encourage vivement à poursuivre votre cheminement intérieur car comme vous avez pu le constater, celui-ci peut avoir un grand impact sur votre vie d'adulte, votre relation de couple et sur vos liens avec votre enfant sur le long terme. Osez le changement même s'il peut paraître impossible, difficile, compliqué voire douloureux au départ. Ce changement vous engagera vers de nouvelles envies et perspectives plus adaptées à votre parentalité; une parentalité qui sera dès lors choisie et donc voulue. Vous sentez-vous éclairé sur ce syndrome du BOP, sur ses symptômes, ses facteurs de risques? Avez-vous entendu les conseils qui vous permettront de l'éviter ou d'en sortir? Sachez bien que rien n'est immuable, que tout peut se transformer positivement car nous sommes tous des êtres résilients!

Comme le disait A. Deroo, si justement[39]:

> L'enfant n'a pas besoin de parents parfaits, mais de parents authentiques qui reconnaissent leurs erreurs et leurs envies de changer.

Si vous êtes capable de changement et d'expliquer à votre enfant que les erreurs, les prises de recul, la conscience de soi et l'importance du désir sont fondamentales dans la construction de la vie humaine, il vous aimera encore plus fort. Un enfant est aussi capable de pardonner les erreurs de ses parents.

Avez-vous pris conscience que vous n'étiez plus le parent que vous étiez par le passé ou que vous n'êtes pas celui que vous auriez désiré être au quotidien? C'est déjà une formidable prise de recul. Être capable de cette prise de distance émotionnelle n'est pas un constat d'échec, bien au contraire, c'est ce qui va permettre d'opérer un changement pérenne. Ne vous engluez pas dans la honte et la culpabilité, faites de votre prise de conscience une force pour transformer votre quotidien et transcender vos émotions négatives.

Je souhaite insister encore sur un point très important: tous les parents du monde ont pu à un moment de vie ressentir certains symptômes décrits dans le syndrome du burn out parental. Mais ce qui compte le plus, c'est la fréquence du ressenti qui va aussi révéler l'intensité du vécu. C'est pourquoi, il reste fortement recommandé de consulter un expert de la parentalité pour vous aider si les souffrances et les crises persistent.

La prévention du burn out parental reste tout aussi fondamentale que sa prise en charge thérapeutique. Vous pouvez aussi recommander à d'autres parents la lecture d'ouvrages qui ont trait au BOP, car l'entraide parentale est extrêmement précieuse. Vous pouvez aussi à votre manière changer les mentalités sur la parentalité à votre échelle. Je vous enjoins à cette solidarité parentale pour vous rendre compte que vous n'êtes pas seul à rencontrer quelques difficultés dans votre parentalité. C'est un puissant levier de prise de conscience qui peut permettre de lutter contre des idées reçues ancrées et briser des murs de silence bien épais !

Cher(s) parent(s), prenez bien soin de vous au quotidien car c'est ainsi que vous prendrez soin de votre couple, de votre enfant et de son éveil. Car vous êtes aussi son premier exemple d'expériences de vie.

Souriez, vous pouvez réussir à vous éloigner du BOP et à en sortir !

Notes

1 https://www.1000-premiers-jours.fr/fr
2 Mikolajczak (M.) et Roskam (I.), *Le Burn out parental. L'éviter et s'en sortir*, Paris, Odile Jacob, 2017.
3 Source de l'extrait : https://www.burnoutparental.com/qui-sommes-nous
4 En ligne : https://www.atelierdufuturpapa.com/
5 Evrard (N.) et Fitaire (C.), *Papa dans quelques mois*, Paris, Eyrolles, 2019.
6 Devyver (A.), *Moi, papa*, Gerpinne, Kennes, 2021.
7 Mikolajczak (M.), *Le Burn out parental. L'éviter et s'en sortir*, Paris, Odile Jacob, 2017.
8 Buzyn (E.), *Quand les mères craquent*, Paris, Leduc éditions, 2018.
9 L'enquête de Cécile Soulé sur le BOP a été diffusée dans l'émission « Interception », sur *France Inter*, le 13 septembre 2020.
10 « Un parent sur 20 touché par le burn out parental », 18 mars 2017, *RTBF*; en ligne : https://www.rtbf.be/article/un-parent-sur-20-touche-par-le-burn out-parental-9557762.
11 « La ligue des familles : "Le burn out prend de l'ampleur chez les parents" », 13 décembre 2016, *Le soir*; en ligne : https://www.lesoir.be/73128/article/2016-12-13/la-ligue-des-familles-le-burn out-prend-de-lampleur-chez-les-parents.
12 Roskam (I.), Raes (M. E.) & Mikolajczak (M.), "Exhausted Parents : Development and Preliminary Validation of the Parental Burnout Inventory", 2017. En ligne : https://www.frontiersin.org/articles/10.3389/fpsyg.2017.00163/full
13 Roskam (I.), Brianda (M. E.) & Mikolajczak (M.), "A Step Forward in the Conceptualization and Measurement of Parental Burnout : The Parental Burnout Assessment (PBA)", 2018. En ligne : https://www.frontiersin.org/articles/10.3389/fpsyg.2018.00758/full
14 Selon une étude de janvier 2019 menée par l'université de Warwick (Angleterre), dans le journal *Sleep* par le docteur Sakari Lemola.
15 https://reseau-morphee.fr/le-sommeil-et-ses-troubles-informations/insomnies-apnees/insomnie/comment-explorer-linsomnie/agenda-sommeil
16 Ce test, composé de dix questions peut facilement être consultable en ligne, par exemple ici : https://www.hug.ch/sante-psychique-perinatalite/comment-depister-depression-perinatale-quizz-epds

17 Il s'agit d'un site non médical de soutien, d'écoute et de conseils dans le cadre de la difficulté maternelle.

18 Gutierrez-Galve (L.), Stein (A.), Hanington (L.) *et al.*, "Association of Maternal and Paternal Depression in the Postnatal Period With Offspring Depression at Age 18 Years", *Jama Psychiatry*, 2018. En ligne : https://jamanetwork.com/journals/jamapsychiatry/article-abstract/2719453

19 Roskam (I.), Raes (M. E.) et Mikolajczak (M.) valident un instrument de mesure spécifique au burn out parental, le *Parental Burnout Inventory* (« Inventaire de burn out parental ») © 1981 Christina Maslach & Susan E. Jackson. All rights reserved in all media. Published by Mind Garden, Inc. En ligne : www.mindgarden.com Altered with permission of the publisher

20 Cyrulnik (B.), *Les Nourritures affectives*, Paris, Odiles Jacob, 2000

21 Faber (A.) et Mazlish (E.), *Parler pour que les enfants écoutent, écouter pour que les enfants parlent*, Cap-Pelé, Aux éditions du Phare, 2012.

22 Citation attribuée à Haim Ginott (1922-1973), enseignant, psychologue des enfants et médecin psychothérapeute.

23 Source Wikipedia : https://fr.wikipedia.org/wiki/Style_parental

24 Bettelheim (B.), *La Forteresse vide*, Paris, Gallimard, 1969.

25 Gibran (K.), *Le Prophète*, Paris, Michel Lafon, 2020.

26 Nelsen (J.), *La Discipline positive. En famille, à l'école, comment éduquer avec fermeté et bienveillance*, Paris, Marabout, 2014.

27 Dans *Life*, le 16/09/2019. En ligne : https://www.huffingtonpost.fr/life/article/aller-voir-un-psy-une-preuve-de-courage-pour-73-des-francais_151744.html

28 En ligne : https://bonjourmalo.fr/

29 En ligne : https://may-sante.com/

30 En ligne : https://mamanrodarde.com/

31 En ligne : https://www.facebook.com/cocottesmagazine/

32 En ligne : https://www.daronmagazine.com/

33 En ligne : https://www.e-bebe.fr/

34 En ligne : https://papapositive.fr/

35 En ligne : https://www.observatoire-qvt.com/charte-de-la-parentalite/presentation/

36 Mayolle (T.), *La Parentalité en entreprise expliquée à mon boss*, Annecy, éditions Kawa, 2020.

37 Nelsen (J.), *La Discipline positive*, Paris, Marabout, 2019.

38 Citation de la religieuse catholique Maria Teresa (1910-1997), dans son discours lors de la remise de son prix Nobel de la paix en 1979.

39 Deroo (A.), *Porter un regard bien-traitant sur l'enfant et sur soi. « Sois sage, obéis ! »*, Lyon, Chronique Sociale, 2014.

Références bibliographiques

Allenou, S. (2012). *Mère épuisée.* Paris : Marabout.

Braconnier, A. (2021). *Les parents aussi ont besoin d'amour.* Paris : Odile Jacob.

Brianda, M. E., Mikolajczak, M. et Roskam, I. (2019). *Comment traiter le burn out parental ? Manuel d'intervention clinique.* Louvain-la-Neuve : De Boeck Supérieur.

Cévany (2022). *Maman Maman Maman.* Paris : Leduc éditions.

Dorchy, A. (2017). *Préserver sa vie de couple quand on est parent. Conjuguer vie de couple et vie de famille, c'est possible !* Bruxelles : 50Minutes.fr

Duband, V. (2019). *Parents épuisés. Stop à la surenchère émotionnelle et éducative pour éviter le burnout parental.* Paris : Eyrolles.

Eustache, M.-C. (2016). Le Burn out maternel. « Comment j'en suis sortie ! ». Sainte-Luce-sur-Loire : Bookelis.

Guéritault, V. (2004). *La Fatigue émotionnelle et physique des mères. Le burn out maternel.* Paris : Odile Jacob.

Holstein, L. (2014). *Le Burn out parental. Surmonter l'épuisement et retrouver la joie d'être parents.* Paris : Josette Lyon.

Lecornet, É. et Melot, C. (2019). *Le Burn out parental. 100 questions/réponses.* Paris : Ellipses.

Mauvais, P. (2008). *La Parentalité accompagnée.* Toulouse : Érès.

Mikolajczak, M. et Roskam, I. (2017). *Le Burn out parental. L'éviter et s'en sortir.* Paris : Odile Jacob.

Roskam, I. et Mikolajczak, M. (2018). *Le Burn out parental. Comprendre, diagnostiquer et prendre en charge.* Louvain-la-Neuve : De Boeck Supérieur.

Schiappa, M. et Bruguière, C. (2015). *J'arrête de m'épuiser. Comment prévenir le burn out.* Paris : Eyrolles.

Schmidt-Ulmann, M. (2010). *Comment rester amants quand on devient parents.* Paris : éditions Leduc éditions.

Vallières, S. (2019). *Le Psy-guide des parents épuisés. Comment prévenir ou surmonter le burnout parental.* Montréal : Les Éditions de l'Homme.

Sur l'autrice

Aline Nativel Id Hammou, maman de deux petites filles (5 ans et 6 mois), je suis psychologue clinicienne et psychothérapeute depuis plus de dix ans. Mon métier est une vraie passion tout comme le fait d'être maman.

J'ai acquis une expertise professionnelle dans les domaines de l'enfance, l'adolescence, la famille et la parentalité au fil de mes années de terrain. J'ai exercé dans de nombreuses institutions tout en pratiquant aussi une activité en libéral dans mon cabinet de consultation. Je réalise des actions plurielles à l'attention des parents, comme des conférences, des webinaires, des articles, de la guidance parentale individuelle, des ateliers et des groupes de parole.

Je suis l'autrice d'un ouvrage « La charge mentale des enfants : quand nos exigences les épuisent », publié aux éditions Larousse et d'un livre sur les différents styles parentaux « Maman-tigre, papa-ours...Je découvre mon animal totem pour m'épanouir avec mon enfant » aux éditions Leduc. Je suis souvent contactée par les médias pour des contributions d'articles de vulgarisation sur des thématiques de société en lien avec la psychologie.

J'ai suivi la formation proposée par les experts de référence sur le BOP (*Parental burnout training* de Belgique) et obtenu une certification d'expertise sur le thème de cet ouvrage. Je me définis comme une luciole bienveillante envers les enfants, les adolescents, les parents que j'accompagne au quotidien.

Remerciements

Aux éditions Mardaga pour leur confiance professionnelle.

À ma fille Léonie, « ma petite grande », de me faire rire, « perdre la tête » de temps en temps, de m'interroger sur ma vie de maman, de ses câlins sans fin et des bisous baveux, nos jeux foufous, de me faire remarquer mes défauts tout autant que mes qualités !

À ma fille Emma, « mon bébé panda », qui comble d'amour notre famille et donne la joie à mon aînée de devenir grande sœur.

À mon mari Redwane, « mon Roi soleil », pour nous préserver du burn out parental autant que possible dans notre quotidien.

À tous ces parents qui, dans mon cabinet de consultation, m'ont fait confiance en tant que « luciole bienveillante ». Comme l'écrivait si justement Denis Diderot : « *L'homme le plus heureux est celui qui fait le bonheur d'un plus grand nombre d'autres* ». En tout cas c'est ce vers quoi je tends dans mon quotidien de psychologue clinicienne.

Table des matières